개헌과 선거제도
개혁에 관한
모든 것

개헌과 선거제도
개혁에 관한
모든 것

백상진
김예찬 지음

루아크
RUACH

들어가는 말

민주주의의 사전적 정의는 "모든 국민이 국가의 주인으로서 권리를 가지고 지배하는 정치 형태"다. 오늘날 세계 대부분의 국가는 민주주의 국가를 지향한다. 그러나 민주주의를 내세우고 있는 나라라고 해서 모두 민주적인 국가는 아니다. 예컨대 북한은 조선민주주의인민공화국이라는 이름을 가지고 있지만 민주적이지도, 인민을 위하고 있지도 않다. 실질적인 권력이 특정 개인이나 일부 계층에게만 주어진 것을 두고 '민주적'이라고 말하지 않는다. 한국역시 불과 30여 년 전만 해도 민주적인 나라라고 말할 수 없었다. 민주주의를 위한 기나긴 싸움 끝에 1987년, 헌법 개정과 대통령 직선제를 쟁취했고, 그 이후 민주화 과정을 서서히 밟아나갈 수 있었다.

헌법 개정도, 선거제도 개혁도 결국 민주주의를 어떻게 구현할 것인가의 문제다. 거칠게 말해서 민주주의라는 정치 형태는 주권자 모두의 결정으로 국가를 운영하는 것이다. 그러나 모든 사람이 늘 정치에 참여할 수는 없으므로 선거로 뽑은 대표자가 그 일을 대신한다. 여기서 중요한 것은 그 대표자의 권한 역시 국민의 정치적 의지가 명확히 반영한 것이어야 한다는 점이다. 권력을 가진 대표자는 그 권력을 남용하지 않아야 하며, 권력을 준 국민의 의사를 국정에 반영해야 한다. 하지만 모든 권력이 한 사람의 대표자에게 집중된다면 권력의 독점과 사유화가 일어날 가능성이 높다. 따라서 권한과 역할이 다른 복수의 대표자를 뽑아 권력을 나누고 서로 견제하게 해야 한다. 또한 그 복수의 대표자는 국민의 각기 다른 목소리를 대변할 수 있어야 한다.

이 점에서 민주주의는 단순한 다수결의 정치가 아니다. 민주주의가 다수결의 정치에 불과하다면, 굳이 복수의 대표자들을 뽑고 권력을 분산할 이유가 없다. 또한 민주주의는 선택지를 ○와 ×로 이분화하는 정치도 아니다. 민주주의 정치란 여러 국민이 원하는 다양한 선택지가 공존하는, 그리고 그 선택지들 사이에서 토론하고 경쟁하고 합의를 만들어가는 과정이어야 한다. 그러나 민주화 이후 지난 30여 년간의 정치가 '토론하고 경쟁하고 합의하는' 정치였다고 말하기에는 무리가 있다. 헌법에서도, 선거제도에서도 우리는 30여 년 전보다 더 나은, '더욱 민주적인' 방향으로 나아가야

만 한다.

민주주의 정치를 위해서는 국민이 정치적 의지를 가지고 대표를 선출하고 감시해야 한다. 아울러 국민이 정치에 직접 참여할 수 있는 사회적 여건 또한 마련되어야 한다. 민주주의의 발원지라는 그리스 아테네에서도 아고라의 정치 집회에 참석하는 시민의 수는 그리 많지 않았다. 생업에 종사하기 위해 정치에 나설 수 없는 이들이 많았기 때문이다. 이에 아테네는 민회 참석자들에게 수당을 지급하기도 했다.

국민이 먹고사는 일에 바빠 정치에 직접 관여할 수 없는 환경에서는 당연히 돈과 시간을 가진 자들의 뜻대로 정치가 움직일 수밖에 없다. 정치권력이 특정 개인이나 일부 계층만을 위해 쓰인다면 그것은 민주주의라 할 수 없을 것이다. 이를 막기 위해서라도 민주주의 국가는 국민 모두가 정치에 참여하고 사회적 이슈에 의견을 개진할 수 있는 환경을 만들어야 할 의무와 책임이 있다. 결국 제도적 차원에서 어떻게 해야 국민을 더욱 잘 대의할 수 있으며, 국민의 정치 참여가 가능한 환경을 조성할 수 있느냐의 문제가 민주주의에서 가장 중요한 쟁점일 수밖에 없다.

이 책은 이런 문제를 앞에 두고 헌법 개정과 선거제도 개혁에 대해 이야기한다. 헌법은 공동체가 지향하는 바를 선언하고, 그 운영 원칙을 규정한 가장 기본적인 틀이다. 곧 민주주의 국가의 헌법은 국가의 주인인 국민의 권리를 명확히 하고, 그 권리를 지키고 확장해나가기 위해 국가를 어떻게 운영할 것인가를 확인하는 국민과의 약속이다.

또한 선거제도는 법을 만들고, 법에 따라 국가를 운영하기 위한 국민의 대표를 선출하는 방식을 규정한다. 헌법과 선거제도란 민주주의 국가의 핵심 원리가 된다는 점에서 그 중요성은 아무리 강조해도 지나치지 않다.

이 책 1부는 30여 년 만의 헌법 개정과 관련해 현재 논의되고 있는 내용을 정리하고 새로운 헌법 개정안에 대한 의견을 담았다. 정당과 공공기관, 시민단체 등에서 활동한 김예찬이 썼다. 2부는 국민의 정치적 의사를 제대로 대의할 수 있는 선거제도는 어떤 방향이어야 하는지에 관한 내용이다. 정당과 국회에서 일하고, 실제로 공직선거에 출마한 백상진이 썼다.

광장의 외침으로 1987년 민주화를 쟁취한 국민들은 30여 년 만에 또다시 광장의 외침으로 대통령을 퇴진시켰다. 이제 대한민국은 개헌과 선거제도에 대한 새로운 약속이 필요한 시점이 되었다. 이 책은 새로운 약속을 만들어나가기 위해 국민들이 자신의 의견을 정리할 수 있도록 돕고, 다른 국민들과 토론할 만한 이야깃거리를 제시한 민주주의의 레시피북이다. 하나의 요리를 두고서도 요리사마다 레시피가 제각각이듯, 이 책 역시 저자들이 가진 민주주의에 대한 생각을 담은 개인적인 레시피에 불과할지 모른다. 그러나 이 레시피를 참조해 더 멋진 레시피를 만들어낼 독자가 분명 있으리라 생각한다. 이 책을 통해 민주주의라는 밥상을 어떻게 차려 나갈지 더 많은 국민이 관심을 갖고 고민할 수 있기 바란다.

백상진·김예찬

1부 • 개헌에 관한 모든 것

2부 • 선거제도 개혁에 관한 모든 것

왜 자꾸 바꾸자고 할까: 현행 선거제도의 문제점   157

어떻게 하면 될까: 선거제도 개혁의 쟁점   166

개헌에 관한

모든 것

2018년 1월 10일, 문재인 대통령은 신년기자회견에서 "30년이 지난 옛 헌법으로는 국민의 뜻을 따라갈 수 없다"면서 "국민의 참여와 의사가 반영되는 국민개헌"에 나서겠다고 말했다. 이른바 '박근혜-최순실 게이트' 전후로 등장한 개헌 논의를 빠르게 진전시키겠다고 선언한 셈이다. 특히 정부와 여당은 2018년 6월 지방선거에 맞춰 개헌을 추진하겠다는 입장이며, 속도를 내기 위해 대통령이 직접 개헌안을 발의할 수 있다는 의견을 피력하기도 했다. 그리고 실제로 2018년 3월 26일, 야당이 반발하는 가운데 문재인 대통령은 개헌안을 발의했다. 그러나 넘어야 할 산이 많다. 우선 개헌에 관한 국회의 논의가 지지부진한 상황이고, 개헌 방향 역시 제1야당인 자유한국당과 정부와 여당 사이의 의견 차가 커 보인다. 자유

한국당은 6월 지방선거에 맞춰 개헌을 추진하는 것은 시기상조라는 입장이다. 특히 여야 간의 가장 큰 쟁점 사항인 권력구조와 정부 형태에 대한(대통령중임제, 이원집정부제, 내각제 등 각자의 주장이 난립하고 있는 상황이라) 합의가 이뤄지기까지는 많은 시간이 걸릴 것이라는 관측도 있다.

개헌을 주도하고 있는 정부와 여당은 국민의 의사가 반영되는 국민개헌을 이야기하지만, 정작 국민들 사이에서 개헌 이슈는 크게 부각되지 못하고 있다. 물론 여론조사에서는 개헌 필요성에 공감하고 개헌을 추진해야 한다는 의견이 다수다. 하지만 공론화되고 있는 상황이라 보기는 어렵다. 2월 2일 발표된 〈내일신문〉 조사에 따르면 "개헌에 관심이 있느냐"는 질문에 62퍼센트가 "관심 있다"고 답했지만, 정작 "주변 사람들과 개헌에 대한 이야기를 자주하느냐"는 질문에는 "그렇다"고 답변한 사람이 43.7퍼센트에 불과했다.

개헌을 위해 넘어야 할 여러 과제가 많지만, 무엇보다 중요한 과제는 개헌에 대한 대중의 관심을 환기하고 여론을 모으는 것이다. 현행 헌법으로 개정이 이뤄진 1987년 이후 개헌 논의가 여러 차례 전개된 바 있지만, 그동안 개헌 논의는 대통령선거를 배경으로 각 정치세력의 이해관계에 따라 정부 형태를 어떻게 바꾸느냐에만 초점이 맞춰졌다. 1997년 대선 당시 이른바 DJP연합이 결성됨으로써 등장한 내각제 개헌 논의가 대표 사례다. 2007년 노무현 대통령이 제안했던 '대통령 4년 중임제 원포인트 개헌' 역시 마찬가지였다. 이처럼 개헌론이 여러 차례 정치권에서 뜨거운 감자로 떠올랐지만, 대개는 당리당략에 따른 정치적 카드로 여겨지던 상황이었기에 개헌은 매번 무산될 수밖에 없었다.

2018년의 개헌 논의가 그 이전과 다른 점이 있다면, 개헌 이슈가 국민에게 밀접하게 다가오지 못하고 있음에도 개헌의 필요성에 공감하는 여론이 다수를 이루고 있다는 점이다. 이는 '박근혜-최순실 게이트' 이후 촛불집회와 대통령 탄핵사건을 거치면서 1987년 이후 누적된 사회적 모순들을 뒤바꿔야 한다는 국민적 열망이 반영된 수치라 하겠다. 특히 국민이 정치에 직접 참여하고 행동했던 민주적 경험이 지금의 개헌론을 뒷받침하는 동력이 되고 있다. 이 글은 "무엇인가 바꿔야 한다"라는 생각에서 개헌에 찬성하고 관심을 가지고 있긴 하지만 개헌의 방향과 쟁점이 무엇인지 구체적으로 파악하기 어려운 이들을 위해 쓴 것이다. 먼저 개헌이 도대체 왜 중요한지에 대해, 또 헌법이 갖는 의미는 무엇인지에 대해 이야기한 뒤 지난 70년간의 한국 헌정사를 검토하면서 오늘날의 헌법이 만들어진 과정을 살펴보려 한다. 그리고 현재 이야기되고 있는 개헌의 방향과 구체적 쟁점들에 대해 대통령직속정책자문기획위원회 산하 국민헌법자문특별위원회와 국회 헌법개정·정치개혁특별위원회의 논의 내용들을 참고해 정리해보았다. 마지막으로 사회 변화에 따른 시대적 과제로서 개헌 과정에서 꼭 논의되어야 할 몇 가지 주제들을 꼽아 독자들과 공유해보려 한다.

　헌법은 국가의 기본 질서를 구성하는 틀이다. 따라서 헌법 개정이 한국 사회에 미칠 영향력은 이루 말할 수 없을 만큼 중대하다. 그만큼 더 나은 사회를 만들어나가고자 하는 이들에게 개헌은 매우 중요한 기회라 할 수 있다. 일부 정치 엘리트들이 주도하는 개헌이 아니라, 더 나은 한국 사회를 꿈꾸는 시민이 참여하는 개헌이 되는 데에 이 글이 조금이나마 기여할 수 있기를 바란다.

파란만장 한국 헌정사

대한민국은
민주공화국이다

잘 알려져 있듯이 대한민국 헌법 제1조 내용은 다음과 같다.

① 대한민국은 민주공화국이다.

② 대한민국의 주권은 국민에게 있고, 모든 권력은 국민으로부터
나온다.

오늘날 우리에게 '민주공화국'이라는 말은 너무나 익숙하고 당
연한 사실이지만, 불과 120년 전 조선 땅에서 살아가던 이들에게
는 당연한 사실이 아니었다. 1910년 8월, 한일병합조약이 체결되
면서 일본의 식민지가 된 뒤에도 조선인들이 되찾아야 할 나라는

황실이 다스리는 대한제국이었지 민주공화국이 아니었다. 1910년
대의 대표 독립운동 단체 중 하나이자, 망명정부 수립을 꾀해 훗날
대한민국임시정부가 결성되는 데에 중요한 역할을 했던 신한혁명
당이 고종황제를 당수로 추대하고 제정체제를 표방했던 것을 보
면 알 수 있다.

　1917년 7월, 신규식, 박은식, 신채호, 조소앙 같은 우리에게 익숙
한 독립운동가들이 '대동단결선언'이라는 조금 생소한 이름의 선
언문을 발표하면서 상황은 달라지기 시작했다. 선언문 내용은 다
음과 같다.

> … 융희 황제가 삼보(영토, 인민, 주권)를 포기한 경술년(1910) 8월
> 29일은 즉 우리 동지가 삼보를 계승한 8월 29일이니, 그동안에 한
> 순간도 숨을 멈춘 적이 없음이라. 우리 동지는 완전한 상속자니 저
> 황제권 소멸의 때가 곧 민권 발생의 때요, 구한국의 마지막 날은
> 즉 신한국 최초의 날이니, 무슨 까닭인가. 우리 대한은 무시 이래
> 로 한인의 한이오 비한인의 한이 아니라. 한인 사이의 주권을 주고
> 받는 것은 역사상 불문법의 국헌이오. 비한인에게 주권 양여는 근
> 본적 무효요, 한국의 한민성이 절대 불허하는 바이라. 고로 경술
> 년 융희 황제의 주권 포기는 즉 우리 국민 동지에 대한 묵시적 선
> 위니, 우리 동지는 당연히 삼보를 계승하여 통치할 특권이 있고 또
> 대통을 상속할 의무가 있도다. …

이 선언문은 한일병합조약이 공포된 1910년 8월 29일을 기준으로, 융희 황제(순종)가 군주로서 삼보(영토, 인민, 주권)를 포기한 셈이니 자동으로 삼보는 한국 국민에게 계승된 것이라고 주장한다. 그 전까지 독립운동이 보통 복벽주의(왕정복고)에 기반한 운동이었다면, 대동단결선언은 군주국가가 아닌 주권이 국민에게 있는 민주국가로서 독립을 주장하는 것이었다.

이 대동단결선언문은 강령 부분이 따로 있는데, 이 강령에서 "해외 각지에 현존한 단체의 대소은현大小隱顯을 막론하고 규합 통일하여 유일무이의 최고기관을 조직할 것" "중앙총본부를 상당한 지점에 설치하여 일체한족一切韓族을 통치하며 각지 지부로 관할구역을 분명히 정할 것" "대헌大憲을 제정하여 민정民情에 부합한 법치를 실행할 것"을 내세우고 있다. 간단히 말하자면, 독립운동 기구를 하나로 규합해 통일된 기구를 세우고, 이를 바탕으로 통일된 정부를 구성하며, 헌법을 제정해 이에 따라 통치하겠다고 주장한 셈이다.

대동단결선언이 발표된 뒤 국민주권의 원칙은 독립운동가들 사이에서 거스를 수 없는 대세가 된다. 1919년 2월 발표된 무오독립선언과 2·8독립선언 모두 "대한민주大韓民主의 자유를 선포"한다거나 "정의와 자유를 기초로 한 민주주의의 선진국의 범을 취하야 신국가를 건설"한다는 표현이 등장한다는 점에서 독립운동 방향이 국민주권에 기초한 민주국가 건설로 향하게 되었다는 것을 알 수 있다. 한 달 뒤 전국적으로 벌어진 3·1운동에서 발표된 기미독립선언서 역시 "조선인이 자주민임을 선언"하며 공화주의 사상을 드러냈다.

여기서 확인할 수 있듯, 3·1운동은 단순한 항일운동의 틀에서만 해석되지 않는다. 3·1운동은 새로운 나라가 민주공화국이어야 한다는 것을 정치적으로 선언하고 민중의 뜻을 모은 '헌법제정권력'으로서 의미를 갖는다. 일본으로부터 독립을 선언한 것을 넘어 독립된 나라는 민중이 주인이 되는 '공화국'이어야 한다는 선언이었던 것이다. 그렇기 때문에 3·1운동이 한창이던 1919년 4월 23일, 서울에서 만들어진 한성임시정부는 '공화국 만세'라는 구호를 내걸었고, 마찬가지로 4월 13일 수립된 상해 대한민국임시정부나 블라디보스토크의 대한국민의회 역시 공화국을 국가 형태로 결정했다.

1919년 4월 11일, 대한민국임시정부가 공포한 최초의 헌법인 '대한민국임시헌장'은 국호를 대한민국으로 하며, 정치체제를 민주공화제로 하겠다고 명시했다. 이 역시 중요한 의미를 갖는데, 법학자들의 연구에 따르면 '민주제'나 '공화제'라는 표현은 당시 새로운 것은 아니었지만 이를 결합한 '민주공화제'라는 표현은 유럽에서도 1920년이 되어서야 처음 등장하는 용어였다. 대한민국임시헌장에서 '민주공화제'라는 표현을 쓴 것은 세계적으로도 무척 앞선 일이었던 것이다. 이는 외국에서 수입된 '민주주의'라는 이념과 '공화정'이라는 정치체제에 대한 이해가 당시 조선에서 상당히 빠르게 자리 잡았다는 것을 말해준다.

이후 한성, 상해, 블라디보스토크의 임시정부가 모두 통합되면서 대한민국임시정부는 '대한민국임시헌법'이라는 새로운 헌법을 공포한다. 여기서는 비록 '민주공화제'라는 표현이 빠졌지만, 헌법 제1조와 제2조에 "대한민국은 대한인민으로 조직함"과 "대한민국의 주권은 대한인민 전체에 재함(있음)"이라 명시함으로써 국민주권의 원칙을 명확히 했다.

이처럼 3·1운동을 계기로 조선인들은 스스로를 군주정의 '신민'이 아닌, 공화국의 '시민'으로 재정립하고 이를 선언한 것이다. 그리고 3·1운동으로 탄생한 대한민국임시정부는 앞으로 만들어질 국가가 민주공화제 국가가 될 것이라고 공표했다. 1948년의 제헌헌법에서부터 1988년 개정된 현행 헌법에 이르기까지 헌법 전문에서 '3·1운동'이라는 말이 단 한 번도 빠지지 않고 명기되었던 것은 이런 이유에서다.

우리 헌법의 역사는 헌법제정권력으로서 3·1운동을 통해 태동했고, 이후 임시정부가 민주공화제임을 명확히 드러내면서 시작되었다고 볼 수 있다. 해방 이후 제헌의회가 구성되어 첫 헌법을 제정했을 때 전문에서 "기미 3·1운동으로 대한민국을 건립하여 세계에 선포한 위대한 독립정신을 계승하여 이제 민주독립국가를 재건"한다고 밝힌 것 역시 같은 맥락에서 봐야 할 것이다.

임시정부에서
제헌국회에 이르기까지

제헌국회는 1948년 5월 31일에 개원했고, 제헌헌법은 잘 알려졌듯이 제헌절인 7월 17일에 공포되었다. 불과 50일도 안 되는 짧은 기간에 헌법이 만들어진 것이다. 이처럼 헌법 제정이 빠르게 진행될 수 있었던 것은 '대한민국 헌법의 아버지'라 불리는 유진오의 노력 덕이었다.

유진오는 경성제국대학 법과대학을 수석으로 입학하고, 경성제국대학 최초로 조선인 법학교수로 추천받았던 수재였다. 제헌국회가 개원할 당시에는 고려대학교의 전신인 보성전문학교 법과대 교수였다. 당시 그는 조선인으로서 유일하게 공법학 교수였다고 하는데, 따라서 헌법 제정 과정 전반에 유진오의 손길이 닿아 있는 것은 당연한 일이었다고 볼 수 있다.

그렇다고 해서 유진오가 맨땅에서 시작한 것은 아니었다. 유진오는 훗날 《헌법기초 회고록》이라는 책에서 헌법 제정 과정에서 어떤 일들이 있었는지, 어떤 생각을 가지고 제헌헌법을 만드는 과정에 참여했는지 이야기했다. 유진오는 헌법 기초 과정에서 1941년 대한민국임시정부에서 제정했던 '대한민국건국강령'을 많이 참고했다고 밝혔다. 이 '대한민국건국강령'을 기초한 사람이 바로 '삼균주의'를 주창했다고 알려진 조소앙이다.

앞에서 대동단결선언에 참여한 인사로 조소앙을 언급했는데,

사실 조소앙은 대동단결선언에 단순히 이름만 올린 게 아니라 그 초안을 직접 쓴 사람이다. 그뿐 아니라 대한민국임시헌장을 만드는 데에도 깊이 관여했다. 대한민국임시정부에서 이론가 역할을 맡았던 인물이 바로 조소앙인데, 우리가 "대한민국은 민주공화국이다"라고 했을 때, 그 민주공화국이라는 아이디어가 처음 만들어지고 구체화되는 데 가장 크게 기여한 사람이라고 볼 수 있다. '대한민국 헌법의 아버지'가 유진오라면, 조소앙은 '대한민국 헌법의 할아버지' 정도는 되는 셈이다.

고등학교 한국근현대사 교과서에서 조소앙을 설명할 때, 조소앙은 쑨원의 삼민주의에 영향을 받아 삼균주의를 주창한 인물로 묘사되고 있다. 실제로 삼균주의는 삼민주의의 영향을 받은 사상이었다. 당시 대한민국임시정부는 중국 국민당의 후원을 받아 유지되었기 때문에 임시정부에 대한 국민당의 영향력은 매우 강할 수밖에 없었다. 특히 임시정부를 비롯한 항일독립운동 단체에 사회주의의 사상적 영향이 적지 않은 탓에 국민당은 이를 견제하기 위해서라도 자신들의 지도 이념인 쑨원의 삼민주의와 국민당의 강령인 건국대강을 임시정부가 채택하도록 강요했다.

이런 분위기에서 삼균주의는 삼민주의의 사상적 영향을 강하게 받지 않을 수 없었지만, 임시정부의 건국강령을 보면 오히려 국민당의 그것보다 진보적 색채가 더욱 뚜렷이 나타난다는 점을 확인할 수 있다. 건국강령에는 "사회 각층의 지력과 권력과 부력의 가

짐을 고르게 하여"라는 표현이 나오는데, 이는 바로 교육, 정치, 경제의 평등을 분명하게 선언한 것이다. 강령에서는 그 방안으로 "보통선거제도를 실시"해 정치 평등을, 산업의 "국유제도를 채용"으로 경제 평등을, "공비교육(무상교육)"으로 교육 평등을 이루겠다고 선언한다. 그뿐 아니라 "농공인의 면비의료(무상의료)를 보급"하고, "노공, 유공, 여인(노인, 청소년, 여성)의 야간 노동과 연령, 지대, 시간의 불합리한 노동을 금지"하는 것 같은 복지와 노동 문제에서도 상당히 선진적 색채를 보여주었다.

건국강령의 정신은 제헌헌법에도 어느 정도 영향을 미친 것으로 보인다. 오늘날 시점에서 봤을 때 제헌헌법은 의외로 급진적 내용이 많은데, "영리를 목적으로 하는 사기업에 있어서는 근로자는 법률의 정하는 바에 의하여 이익의 분배에 균점할 권리가 있다"라든가, 공공성을 지닌 기업은 국영화한다든가, 광산과 수산자원 같은 천연자원은 국유로 한다는 내용 들이 그렇다. 물론 당시 사회주의 풍토가 짙었고, 심지어 자본주의의 최첨단 국가인 영국과 미국조차 복지국가나 케인즈주의가 강한 힘을 갖던 시대였기에 제헌헌법도 그 영향을 받게 된 것이지만, 조소앙의 삼균주의와 임시정부 건국강령의 역할도 부인하기는 어려울 것이다.

임시정부와 제헌국회가 까마득한 역사 속 이야기가 되었고, 헌법 개정이 화두가 된 이 시점에서 독립운동가들이 만들고자 했던 나라의 상은 어떠했는지, 또 제헌 당시 새롭게 세우고자 했던 나라는 어떤 모습이었는지 한번 살펴보는 것은 어떨까? 특히 불평등과 사회적 양극화 문제를 해결하기 위해서라도 개헌 과정에서 임시정부의 건국강령과 제헌국회의 정신을 복기해보는 것은 꼭 필요한 작업일 것이다.

이승만의 권력을 위한
두 차례의 개헌

제헌헌법 초안을 기초한 유진오는 사실 내각책임제를 강하게 주장한 인물이었다고 한다. 따라서 제헌헌법 초안 역시 본래는 내각책임제 원리를 구현하고 있었다. 그러나 김구를 비롯한 임시정부 인사 다수가 남한만의 단독정부 수립에 반대하며 제헌국회 참여를 보이콧한 상황에서 유일한 지도자 후보로 강한 영향력을 행사했던 이승만은 내각책임제에 반대하는 입장이었다. 이승만은 "내각제 헌법이 통과된다면 자신은 공직에 취임하지 않고 민간에 남겠다"라고 선언하며 대통령중심제 채택을 강하게 주장했다. 이승만의 '협박'에 당시 제헌국회를 주도하던 한민당은 정치적 타협을 통해 대통령중심제 헌법을 채택한다.

이승만 개인의 요구로 대통령중심제가 채택되었다는 점에서 확인할 수 있듯, 헌법 제정 과정이 공식적 토론보다는 비공식적 타협이나 압력, 협박에 의해 굴러가는 일이 적지 않았다. 특히 당시 많은 수를 차지했던 무소속 소장파 의원들은 이승만과 한민당이 주도하는 헌법 제정 과정에서 밀려나 제 목소리를 내지 못했다. 이런 무소속 의원들의 불만을 확인할 수 있는 에피소드가 있다. 유진오의 회고록에는 제헌헌법이 통과되는 역사적 순간에 대한 재미있는 비화가 적혀 있다.

> 의장(이승만)이 "가케 여기면(찬성한다면) 기립하시오"라 선언했을 때 국회의원들은 모두 우르르 일어섰다. 그 순간이다. 나는 의원석 중간쯤에 자리 잡은 한 의원이 기립하지 않고 자리에 앉은 채 고개를 똑바로 들고 앞쪽을 응시하고 있는 광경을 내 눈으로 보았다. 이문원 의원이었다. 그런데 그 광경을 의장은 보았는지 못 보았는지 "한 분도 빠짐이 없으니까 전체가 통과된 것입니다" 하고 방망이를 딱딱 두드렸다.

제헌헌법이 통과될 때 실제로는 의원 한 사람이 찬성하지 않는다는 의사 표시로 기립하지 않았는데도, 이승만은 만장일치 통과를 외친 것이다. 여기서 일어서지 않았던 의원은 무소속 이문원 의원이었다. 그는 헌법 제정 과정에 이승만의 의사가 너무 강하게 반영된다며 항의했던 인물이다. 이승만과 악연으로 엮인 뒤에는 '국회프락치사건'에 연루되어 구속되기도 한다.

한 나라의 기초를 세우는 헌법 제정 과정에서부터 이승만은 독주를 멈추지 않았다. 이런 독주는 결국 자신의 권력을 위해 헌법을 뜯어 고치는 두 차례의 개헌으로 이어진다.

한국 헌정사상 최초의 개헌인 이른바 '발췌개헌'은 한국전쟁이 한창이던 1952년에 진행되었다. 당시 국회는 임시수도인 부산에 있었다. 이승만 정권은 공비 토벌을 명목으로 비상계엄령을 선포하고 부산 전역에 공포 분위기를 조성했다. 당시 국회는 이승만의 독주를 견제하기 위해 내각제 개헌안을 준비하고 있었는데, 이승만은 이를 무산시키고 재집권을 위해 무력을 사용한다.

이승만은 헌법대로 국회에서 간접선거를 통해 대통령을 선출하면 자신에게 불리할 것이라 생각하고는 경찰력을 동원해 의원들을 체포한 뒤 강제로 임시국회의사당으로 호송했다. 의원들을 국회에 집어넣은 다음에는 군대를 동원해 국회의원들이 빠져나올 수 없게 틀어막았다. 억지로 의원들을 앉혀놓은 이승만은 국회가 준비한 내각제 개헌안에서 일부를, 자신이 준비한 직선제 개헌안에서 일부를 짜깁기한 개헌안을 내밀었다. 이처럼 개헌안 일부를 발췌해 짜깁기했다는 의미에서 1차 개헌은 '발췌개헌'이라는 별명이 붙었다.

총칼로 위협하는 상황에서 결국 대통령 직선제를 골자로 한 개헌안이 통과되는데, 유력한 정치 지도자들이 해방정국에서 암살당하거나, 납북된 상황이었기에 직선제로 이승만을 이길 수 있는 인물은 없었다. 1952년 8월, 직선제로 치러진 2대 대통령선거에서 이승만은 재선에 성공한다.

1954년 이승만은 '초대 대통령에 한한 중임 제한 철폐' '국민투표제 신설' '경제 조항의 자유주의 경제화' 들을 골자로 하는 개헌안을 다시 내놓는데, 한마디로 대통령을 계속하고 싶다는 선언이었고, 국회의 견제에 맞서 국민투표로 국회를 압박하겠다는 의미였다. 자유당은 이미 개헌 정족수를 넘겼음에도 '반란표'를 우려하고 있었다. 이에 자유당 지도부는 개헌안을 꼭 통과시켜야 한다는 압박 속에 치밀한 작전을 펼쳤는데, 그 작전은 바로 '암호 투표'였다.

당시 국회 투표용지에는 한자로 可(가), 否(부)가 인쇄되어 있었다. 개헌안에 찬성하면 可에 × 표시를 하고, 개헌안에 반대하면 否에 × 표시를 하는 방식이었다. 투표는 비밀투표였지만, 자유당은 의원들 지역구별로 만년필 잉크 색을 다르게 한다거나, × 표시의 방법을 하나하나 지정하는 식으로 사실상 기명 투표의 효과를 내려 했다. 개표를 감시하는 자유당 감표위원이 표를 하나하나 다 확인하게 되어 있으니 개헌안에 반란표를 던질 생각을 하지 말라는 엄포를 놓은 셈이다.

그런데 이 암호 투표 계획이 사전에 누설된다. 표결 직전, 무소속 의원이 이 계획을 폭로하면서 자유당은 망신을 당한다. 비밀투표를 보장하지 않는 개헌안 표결을 보이콧하겠다는 야당 의원들을 달래느라 개표 뒤 투표함을 봉인하기로 하면서 이변이 시작된다.

당시 국회의 재적의원은 203명이었고 이 가운데 개헌 정족수 3분의 2는 136명이였다. 그런데 개표를 해보니 개헌 찬성표가 135표에 불과했다. 단 한 표 차이로 개헌안이 부결된 것이다. 자유당은 난리가 났고 야당 의원들은 환호성을 질렀다.

그날 밤, 국회의장 이기붕은 경무대에서 이승만을 만나 개헌안 부결에 대해 보고했다. 그런데 묵묵히 듣고 있던 이승만이 "135표면 부결이 아니라 통과된 것이 아니냐"고 면박을 줬다. 203명의 3분의 2는 135.333이니 사사오입(반올림)을 하면 135명으로도 가결되었다고 볼 수 있다는 희대의 논리를 편 것이다. 이승만의 말에 자유당 의원들도 동조했고 사사오입으로 개헌안이 통과되었다는 억지 논리가 국회에서 펼쳐졌다. 야당 의원들이 반발하자 참관 중이던 여당 측 정치 깡패들이 등장해 국회를 난장판으로 만든다.

'사사오입개헌'으로 제한 없이 연임이 가능해진 이승만은 3대 대통령선거에서도 당선되었고, 고령의 나이에도 욕심을 버리지 못한 채 4대 대통령선거까지 출마한다. 그러나 4대 대통령선거가 열린 1960년 3월 15일, 이기붕의 부통령 당선을 위해 노골적인 부정선거를 자행한 자유당 정권은 국민들의 성난 민심에 직면한다. 4·19혁명이 일어난 것이다.

내각책임제가 도입된
제2공화국

4·19혁명으로 이승만이 대통령에서 하야하자 대통령 권한대행이 된 허정을 중심으로 과도정부가 구성된다. 대통령중심제 아래에서 12년 동안 마음대로 권력을 휘두른 이승만을 겪은 국회는 내각책임제를 중심으로 한 헌법 개정에 나선다. 이처럼 헌법체제의 중대한 변화가 있었기 때문에 4·19혁명 이후 들어선 장면 정권을 흔히 제2공화국이라 부른다. 3차 개헌을 통해 등장한 제2공화국 헌법은 내각책임제를 도입하고, 이승만의 독재 속에서 많은 침해를 받았던 기본권과 자유권을 보장했다는 점에서 특징적인 헌법이었다. 게다가 헌법재판소 도입을 시도하고 법관으로 구성된 선거인단이 대법원장과 대법관을 뽑는 등 사법 영역에서도 큰 변화를 꾀했다. 부정선거를 우려해 독립된 헌법기관으로 중앙선거위원회를 둔 것도 제2공화국 헌법의 유산이다. 무엇보다 과거 두 차례 개헌과 달리 합법적 과정을 거친 개헌이었다는 점에서 큰 의미를 가진다고 할 수 있다.

그러나 내각책임제 아래 들어선 장면 총리와 민주당 정권은 사회적 혼란을 제대로 수습하지 못했다. 특히 민주당 내 파벌 싸움으로 3·15부정선거 관련자와 부정축재자 처벌이 제대로 이뤄지지 못했다. 이에 4·19혁명 유가족과 부상 학생들이 중심이 되어 국회의사당을 점거해 강하게 항의하는 일이 벌어지기도 했다. 결국 국

회는 사건을 처리하기 위한 헌법적 근거를 만들기 위해 3·15부정
선거특별법과 관련한 헌법 부칙을 개정하는 4차 개헌에 나섰다.
3차 개헌 이후 불과 넉 달만의 일이었다.

제3공화국 헌법과
삼선개헌

제2공화국의 역사는 길지 않았다. 5·16군사쿠데타 직후 박정희
는 국회를 해산하고 국가재건최고회의라는 이름의 독재 기구를 구
성한다. 국가재건최고회의의 주도로 5차 개헌안이 마련되는데, 이
것이 바로 제3공화국 헌법이 된다. 개헌안은 대통령중심제, 국회 단
원제, 국가 주도의 경제발전 전략 등을 포함하는 것이었다. 경제성
장을 이끌겠다는 명분으로 쿠데타 세력에 정당성을 부여하고, 또
다시 대통령에게 권력을 몰아주는 형태로 돌아간 것이다.

군부가 국회를 해산시킨 상황이었기에 개헌은 곧바로 국민투
표에서 결정되었다. 5차 개헌안의 특징 중 하나는 전문에 3·1운
동, 4·19의거와 더불어 '5·16혁명'이 언급되었다는 점이다. 물론
'5·16혁명'이라는 문구는 박정희 정권이 무너진 뒤 개정된 헌법에
서는 삭제된다. 또 흥미로운 특징이라면 헌법에서 국회의원 후보
자격을 "소속 정당의 추천을 받아야 한다"라고 명시해놓은 부분이
다. 곧 제3공화국에서는 무소속으로 국회의원에 출마하는 게 불

가능했으며, 국회의원이 임기 중 당적을 이탈하거나 변경한 경우에는 의원직이 박탈되었다. 긍정적인 방향에서 보자면 정당정치를 강화하려는 의도가 있었던 것이고, 부정적인 관점에서 보자면 기존 정치 문화를 제약하는 효과를 낳았다고 볼 수 있다.

1969년에는 이미 두 차례 선거로 연임 대통령이 된 박정희가 노골적으로 장기 집권의 야욕을 드러내며 이른바 '삼선개헌'에 나선다. 개헌안 골자는 간단했다.

1. 대통령의 재임을 세 번까지 늘린다.
2. 대통령에 대한 탄핵 소추 요건을 국회의원 30인 이상의 발의와 재적의원 과반수의 찬성에서, 국회의원 50인 이상의 발의와 재적 의원 3분의 2 이상의 찬성으로 강화한다.
3. 국회의원의 수를 최대 200인에서 최대 250인까지 확대한다.

대통령을 한 번 더 할 수 있는 여건을 조성하면서 탄핵은 더 어렵게 만들었다. 그뿐 아니라 제1당에게 노골적으로 유리한 전국구 비례대표제를 도입하고 국회의원 정수를 늘림으로써 앞으로도 개헌이 더 용이하도록 하겠다는 의도였다. 야당과 재야인사, 학생들을 중심으로 반대 운동이 거세게 일어났지만, 박정희는 개헌을 정부에 대한 신임 문제와 연결시키며 반대 여론을 눌러버린다. 과거 이승만이 대통령중심제를 채택하지 않으면 은퇴하겠다고 협박했던 것과 유사한 방식으로 개헌을 강요한 것이다.

야당이 실력으로 개헌 저지에 나서자 여당인 공화당은 날치기 작전을 준비했다. 1969년 9월 14일, 모두가 잠든 일요일 새벽 2시에 122명의 개헌 찬성파 의원이 국회 별관으로 모였다. 그 자리에서 개헌안은 30분도 채 걸리지 않아 통과되었다. 국회 별관에 몰래 모인 터라 의사봉을 미처 준비하지 못했는데, 국회의장은 의사봉 대신 주전자 뚜껑으로 개헌안 통과를 선언했다. 사상 초유의 기습 개헌에 항의하는 시위가 대학가를 중심으로 크게 펼쳐지지만, 박정희 정권은 38개 대학에 휴교령을 내리면서 이를 봉쇄했다. 한 달 뒤인 10월 17일, 개헌안은 국민투표에 부쳐졌고 67.5퍼센트의 찬성으로 통과된다.

유신헌법,
절대 권력의 등장

'삼선개헌'으로 대통령선거에 출마한 박정희에 대한 민심은 곱지 않았다. 그럼에도 1971년 4월 대선에서 박정희는 결국 대통령에 당선되었다. 그러나 낙선한 김대중과 불과 8퍼센트 차이의 신승이었다. 중앙정보부의 조직적 부정선거가 아니었다면 김대중이 당선되었을 것이라는 이야기가 공공연하게 나돌았다. 그해 9월 진행된 국회의원 총선거에서도 야당이 개헌 저지선을 확보하며 선전하자 더이상 개헌이 불가능하다는 것을 깨달은 박정희는 또다른 카드를 꺼낸다. 바로 '10월 유신'이었다.

1972년 10월 17일, 전국에 비상계엄이 선포된 상황에서 박정희는 이른바 10·17비상조치를 단행한다. 국회를 해산하고, 정당 및 정치활동을 금지했으며, 헌법의 일부 효력마저 정지시킨 것이다. 불과 열흘 뒤 박정희는 비상국무회의에서 유신헌법을 의결했고, 11월 21일에는 비상계엄령이 선포된 삼엄한 상황에서 국민투표를 실시했다. 투표율 91.9퍼센트, 찬성률 91.5퍼센트라는 압도적인 결과로 유신헌법이 통과되는데, 그 과정에서도 강압과 부정이 자행되었다.

유신헌법은 한 마디로 박정희의 종신 집권과 무한 권력을 위한 헌법이었다. 대통령 직선제를 폐지하고 통일주체국민회의에서 간접선거로 대통령을 선출했는데, 대통령 임기는 6년으로 늘어났고 연임 제한은 철폐되었다. 또 통일주체국민회의는 유신정우회라는 이름으로 대통령이 추천한 후보자를 국회의원으로 선출했는데, 유신정우회는 전체 국회의원 수의 3분의 1을 차지했다. 대통령은 헌법 효력을 정지시킬 수 있는 긴급조치권을 가지며, 국회 해산권과 법관 임명권을 독점했다. 삼권분립이 무의미한, 이른바 총통제를 방불케 하는 헌법이 바로 유신헌법이다. 12월 23일, 통일주체국민회의에서 대통령으로 선출된 박정희는 1979년 10월 26일 김재규에 의해 죽임을 당할 때까지 절대 권력을 누린다.

유신헌법의 기형성을 상징적으로 보여주는 것 하나가 바로 유신헌법 목차다. 제헌헌법 이래 일곱 차례의 헌법 개정을 거치면서도 헌법 목차는 기본적으로 유사한 골격을 유지했다. 1장은 총강이 위치하고, 2장은 국민의 권리와 의무를 규정했다. 그리고 3장에서 통치기구에 관한 내용이 이어지는데, 제2공화국 헌법까지는 따로 통치기구에 대한 서술 없이 국회가 3장을 차지했다. 제3공화국 헌법에서도 3장 통치기구의 제1절은 국회에 관한 내용이었다. 목차에서 국회가 대통령보다 앞에 위치하는 것은 제헌헌법 이래로 입법기관으로서 국회의 중요성이 강조되었기 때문이다. 그러나 유신헌법에서는 3장을 통일주체국민회의가 차지하고, 4장에서 대통령, 5장에서 정부에 대해 서술한 다음 6장에 이르러서야 국회가 등장한다.

유신헌법 목차에서 국회가 받은 푸대접은 제5공화국 헌법까지 이어진다. 제5공화국 헌법 역시 3장은 정부 차지였다. 대통령과 행정부에 대한 절이 이어진 뒤 4장에서야 국회가 등장한다. 1987년 현행 헌법으로 개정되는 과정에서 국회 부분은 제 위치를 찾는다. 이런 헌법 목차의 변형은 유신체제와 그 뒤를 이은 전두환 정권에서 국회의 위상이 어떠했는지 상징적으로 보여주는 것이라 할 수 있겠다.

제5공화국 헌법의
이모저모

10·26으로 박정희가 죽자 대통령 권한대행이 된 최규하는 특별 담화를 통해 헌법 개정 방침을 밝힌다. 유신헌법에 따라 통일주체국민회의에서 스스로를 대통령으로 선출하되, 헌법을 개정한 뒤 대통령선거를 다시 실시하기로 한 것이다. 개헌이 확실해지자 각 정당과 사회단체는 각기 개헌안을 내놓기 시작했다. 개헌안들은 기본적으로 1962년의 제3공화국 헌법을 기초로 하면서 기본권을 확장하는 것에 가까웠다. '서울의 봄' 동안 새로운 헌법으로 민주 정부가 들어설 것이라는 기대감은 부풀었다.

그러나 12·12군사쿠데타로 정국을 장악한 신군부 세력은 1980년 5월 17일, 비상계엄을 전국으로 확대하고 개헌 논의를 봉쇄해버린다. 1980년 8월 16일, 최규하가 대통령직에서 하야하자 신군부 세력을 주도했던 전두환은 유신헌법에 따라 통일주체국민회의를 소집한 뒤 대통령선거를 실시해 대통령에 당선되었다. 유신 시대의 뒤를 잇는 사실상 셀프 대통령선거였다.

전두환은 정당성을 확보하기 위해 유신체제 청산을 명분으로 개헌에 나섰다. 정부의 헌법개정심의위원회가 주도한 헌법개정안이 만들어졌고, 국민투표를 통해 개헌안이 통과되어 제5공화국이 등장하게 된다.

제5공화국 헌법은 유신헌법처럼 대통령 1인이 모든 권력을 쥔

독재체제는 아니었다. 대통령의 권한을 축소하고 민주적 요소를 강화했다. 이전에는 국회가 국무위원에 대한 해임 건의만 할 수 있었는데, 5공화국 헌법에서는 해임 의결까지도 가능해졌다. 박정희 정권 내내 문제가 되었던 비상조치 해제권도 국회의 새로운 권한이 되었다. 또 유신헌법에서는 모든 법관의 인사권을 대통령이 틀어쥐었지만, 5공화국 헌법에서는 대법원장에게 일반 법관의 임명권을 주었다. 형식적으로나마 입법부와 사법부의 독립성이 강화된 것이다.

무엇보다 대통령의 임기를 7년으로 하되 단임제로 바꾼 것이 가장 큰 변화였다. 장기 집권에 대한 국민의 불만 여론을 의식해 임기와 관련한 헌법을 개정하더라도 재임 중인 대통령에게는 효력이 없도록 함으로써 장기 집권 가능성을 배제했다. 그러나 대통령선거는 여전히 간선제였다. 통일주체국민회의를 폐지한 대신 대통령 선거인단에 의한 간선제는 유지한 것이다. 대통령 선거인단을 국민이 직접 선출하게 함으로써 직선제 요소를 흉내 내긴 했지만, 이는 직선제에 대한 국민들의 열망을 기만한 것에 불과했다.

제5공화국 헌법의 특징 중 하나는 기본권이 확대되었다는 것인데, 개인의 인권은 '불가침'하다는 것을 명시했으며, 국민의 행복추구권을 인정함으로써 다양한 권리 보장의 근거를 마련했다. 그뿐 아니라 근대 형법의 기본 원리인 '자기책임의 원칙'에 따라 연좌제를 금지했으며, 재판 과정에서 '무죄 추정의 원칙'을 분명히 한 것 역시 제5공화국 헌법이 이전의 헌법들보다 한 발짝 나아갔다는 것을 보여주었다. 또한 노동자에게 적정임금을 보장할 것을 명문화해 노동권 부문도 상당히 개선되었다.

그러나 헌법 시행과 관련한 부속 법률들을 국회가 아닌 쿠데타 세력이 장악한 국가보위입법회의에서 제정했다는 점에서 민주적 정당성이 결여된 개헌이었다. 아울러 직선제 도입이 국민적 열망이 었는데도 이를 무시하고 간선제를 고집하면서 신군부의 장기 집권을 꾀했다는 점에서 한계를 드러낸 개헌이기도 했다.

87년 헌법의 탄생

1986년, 야당인 신민당은 대통령 직선제 개헌을 골자로 한 '개헌을 위한 천만인 서명운동'을 벌인다. 수십 년간의 군부독재에 질린 시민의 반응은 폭발적이었다. 직선제 개헌을 요구하는 시민의 목소리는 점차 커졌다. 이런 여론의 압박에 국회는 헌법개정특별위원회를 구성하고 개헌 논의를 시작했다. 그러나 야당인 신민당이 대통령 직선제 개헌을 주장했던 것과 달리 여당인 민정당은 내각책임제 개헌을 목표로 삼았다. 전두환과 민정당이 내각책임제를 주장한 것은 국민 여론이 좋지 않으니 일단 개헌은 하되, 선거법상 제1당이 선거에서 유리할 수밖에 없으므로 내각제를 택하더라도 정권 연장이 가능하다는 계산에서였다. 전두환은 만약 야당이 내각제 개헌안을 받아들이지 않는다면 기존 5공화국 헌법에 따라 대통령을 선출하고 88올림픽을 치르겠다는 생각이었다.

이 전략이 어느 정도 먹혀들어 신민당 총재였던 이민우는 1986년 12월 24일, 이른바 '이민우 구상'을 발표한다. 언론 자유 보장, 구속자 석방과 사면 복권, 공무원의 정치 중립 보장, 국회의원 선거법 개정, 지방자치제 도입 등을 전두환 정권이 약속하면 내각책임제 개헌에 응하겠다는 것이 '이민우 구상'의 핵심이었다.

그러나 신민당의 실질적 지도자였던 김대중과 김영삼이 이에 강하게 반발하면서 신민당은 내분에 빠진다. '이민우 구상'을 둘러싼 내분 끝에 김대중과 김영삼은 신민당을 탈당해 통일민주당을 창당한다. 직선제 개헌을 밀고 나가던 야당이 암초에 걸리자 자신감을 얻은 전두환은 국회에서 합의가 이뤄지지 않는다는 핑계로 1987년 4월 13일 이른바 '4·13호헌조치'를 발표한다. 곧 자신의 임기 중에는 개헌을 하지 않고, 정권을 이양하겠다는 내용이었다.

전두환의 4·13호헌조치는 직선제 개헌을 열망하던 시민의 분노에 기름을 부은 격이었다. "호헌 철폐"를 슬로건으로 직선제를 요구하는 시위는 점차 확산되었고, 1987년 5월 18일, 박종철 고문치사 사건의 진상이 조작되었다는 천주교정의구현사제단의 발표까지 이어지자 여론은 폭발했다. 민주화를 요구하는 6월항쟁의 불꽃이 전국을 휩쓸자 민정당의 차기 대통령 후보로 지명된 노태우가 전면에 나서 직선제 개헌을 수용하겠다는 6·29선언을 발표한다.

6·29선언으로 대통령 직선제 실시가 확실해지자 개헌안을 어떻게 마련할 것인지에 대한 논의가 본격화되었다. 이 과정에서 중요한 역할을 했던 것이 바로 당시 여당인 민정당과 제1야당인 통일민주당 간의 '8인 정치회담'이었다. 민정당과 통일민주당만이 아니라 신한민주당과 한국국민당 역시 개헌안을 제시했지만, 개헌안의 윤곽은 '8인 정치회담'에서 이뤄진 합의가 기본이 되었다. 회담 내용이 주축이 되어 국회 헌법개정특별위원회에서 헌법 개정안을 마련했다. 이후 1987년 10월 27일 국민투표로 통과된 개헌안이 '87년 헌법'이라 불리는 현행 헌법이다.

'87년 헌법'은 제2공화국 헌법 이래로 거의 30년 만에 민주적 절차에 따라 정당성을 확보한 개헌이었다고 할 수 있다. 그러나 87년 헌법의 논의 과정을 살펴보면 역시 소수 정치 엘리트의 정치적 합의에 따라 헌법의 골간이 결정되었다는 점에서 그 한계가 뚜렷하다.

먼저 '8인 정치회담'은 비공개로 진행되었다. 따라서 개헌안이 마련되기까지 어떠한 논의 과정을 거쳤는지 구체적으로 확인하기 어려우며, 논의 내용 역시 언론보도나 훗날 회고를 통해 간접적으로 알려졌을 뿐이다. 8인 정치회담에는 민정당 의원으로 권익현, 윤길중, 최영철, 이한동이 참여했고, 통일민주당 의원으로 이용희, 이중재, 박용만, 김동영이 참여했다. 이 가운데 이용희, 이중재 의원은 김대중 계열이었고, 박용만, 김동영 의원은 김영삼 계열이었다. 결국 8인 정치회담은 노태우, 김영삼, 김대중이라는 주요 정치 지도자 간의 개헌 합의나 다름없었다.

8인 정치회담은 1987년 7월 31일에 시작해 한 달 뒤인 8월 31일 최종 합의를 도출하면서 마무리되었다. 당시 국회 헌법개정특별위원회에서 헌법개정안기초소위원회를 구성한 때는 8인 정치회담이 끝난 날인 8월 31일이었다. 소위원회에서 만든 개정안은 보름 뒤인 9월 17일 헌법개정특별위원회의 안으로 채택되고, 곧바로 국회에서 그리고 국민투표를 통해 확정되었으니 실질적으로 8인 정치회담이 개헌안을 결정지었다고 봐도 무리가 없는 셈이다.

강원택, 정상우 등 개헌 과정을 연구한 학자들에 따르면 8인 정치회담의 주요 쟁점은 대통령 제도에만 국한되어 있었다. 7년 단임제라는 기존 방식을 어떻게 바꾸느냐가 주요 안건이었던 것이다. 민정당은 6년 단임 대통령제를, 통일민주당은 4년 중임 대통령제에 부통령을 두자는 안을 제안했다. 그러나 결과는 현행 제도인 5년 단임제가 되었다.

민정당에서 단임 대통령제를 주장했던 것은 전두환의 의지가 크게 작용한 것으로 보인다. 제5공화국 헌법에서 단임제를 채택했듯 후임 대통령 역시 단임이어야 장기 집권에 따르는 권력 집중의 문제가 사라진다는 게 전두환의 생각이었다고 한다. 재미있는 것은 노태우는 오히려 중임제 욕심을 가지고 있었다는 것이다. 통일민주당은 공식적으로는 4년 중임제를 주장했지만 김대중과 김영삼은 거꾸로 단임제를 선호했다고 한다. 이미 단일화 없이 각자 대선에 출마하는 것이 확정적인 상황에서 혹시 자신이 낙선하고 상대방이 8년 동안 대통령을 하게 된다면 부담이 크다는 견제 심리가 있었던 것이다. 결국 각자 자신의 집권 가능성에 따라 주판알을 굴린 셈이다. 그런 의미에서 민정당이 주장한 6년 단임제는 너무 길었다. 5년으로 하자는 김대중과 김영삼의 생각에 따라 5년 단임제로 합의가 된 것이다.

한편, 통일민주당이 주장한 부통령제 도입을 민정당은 강하게 반대했다. 민정당의 계획은 양김의 단일화가 깨진 상황에서 3자 구도로 대선에 임한다면 승산이 있다는 것이었다. 만약 부통령제가 도입되어 김대중과 김영삼이 대통령, 부통령 후보로 나설 경우 민정당이 대선에서 승리할 가능성은 없었다. 민정당이 강력하게 반대하고 나서자 김대중과 김영삼 역시 부통령에는 별 뜻이 없었기 때문에 부통령제 도입은 없던 일이 되어버렸다.

대통령제와 관련한 이슈를 제외하면, 8인 정치회담에서 이견이 나타난 쟁점으로는 헌법 전문이 있다. 통일민주당은 새로운 헌법 전문에 임시정부 법통 계승 문구와 5·18민주항쟁에 관한 문구를 넣자는 입장이었다. 그뿐 아니라 국민의 저항권을 규정해야 한다고도 요구했다. 그러나 민정당은 5·18민주항쟁과 저항권 규정을 언급하는 것에 강하게 반발했다. 결국 임시정부 법통 계승 문구는 추가하되, 5·18과 저항권 이야기는 빼는 쪽으로 결론을 냈다.

이 밖에도 위헌정당해산제도 인정 문제, 선거권 연령의 18세 하향 문제, 제헌헌법의 근로자 이익균점권 부활 문제, 국회해산권 인정 문제, 지방자치단체 직선제 문제 같은 쟁점이 논의되었지만, 대부분 제3공화국 헌법을 기준으로 정리되었다. 곧 위헌정당해산제도는 그대로 남았고, 선거권 연령은 만 20세로 유지되었으며, 이익균점권은 부활하지 못했다. 또 국회해산권은 사라졌고 지방자치단체 직선제는 훗날로 논의가 미뤄졌다.

10·26 이후 개헌 논의에서 제3공화국 헌법이 기본 골자가 되었듯 87년 헌법을 논의하는 과정에서도 제3공화국 헌법이 주요한 참고점이 되었다. 야당 지도자들의 주요 관심사는 유신헌법 이전으로 선거의 룰을 되돌리는 데 있었을 뿐이다. 곧 헌법의 다른 조항들은 충분히 양보할 수 있는 것이었다.

그렇다면 제3공화국 헌법에는 존재하지 않다가 87년 헌법에 새롭게 등장한 조항들은 어떤 과정에서 나타난 걸까? 87년 헌법의 주요 특징 중 하나는 제2공화국 때 헌법으로 규정했으나 실제로는 설치되지 못했던 헌법재판소를 신설했다는 것이다. 제3공화국 헌법에서는 위헌법률심사권과 정당해산심판권을 대법원이 가졌고, 대통령과 주요 인사에 대한 탄핵사건은 대법원장과 대법관, 국회의원으로 구성되는 탄핵심판위원회가 맡았다. 이후 유신헌법과 제5공화국 헌법에서는 위헌법률심사, 위헌정당해산, 탄핵사건 들을 담당하는 헌법위원회가 있었지만 별다른 역할은 하지 못했다.

원래 민정당이나 통일민주당 모두 제3공화국 헌법으로 돌아가 위헌법률심사권과 위헌정당해산심판권을 대법원이 갖고, 탄핵심판은 탄핵심판위원회가 담당하는 방식을 구상했다고 한다. 오히려 쟁점이 된 것은 대법원장과 대법관의 선임 방식이었다. 제3공화국 방식대로 법관추천회의를 통해 후보를 제청하고 대통령이 임명하느냐, 아니면 제5공화국 방식을 유지해 대통령이 대법원장을 임명하고 대법원장이 대법관을 제청하느냐가 경합한 것이다.

이때 영향력을 발휘한 이가 전두환이었다. 민정당의 헌법 개정안을 살펴본 전두환은 법관추천회의가 사법부 내에서 정치 다툼을 일으킬 수 있다며 법관추천회의를 두는 것에 반대했다. 그뿐 아니라 위헌정당해산을 대법원이 맡게 되면 대법원이 사법부를 정치 영역으로 끌어들일 수 있다며 이 역시 반대했다. 이런 전두환의 의사가 반영되어 민정당은 위헌법률심사와 탄핵심판, 위헌정당해산심판을 담당하는 헌법재판소를 신설하는 것으로 입장을 바꿨다. 야당은 법관추천회의를 포기하되 대신 새로 신설되는 헌법재판소에 헌법소원제도를 두는 것으로 합의점을 찾았다. 이 같은 과정을 통해 만들어진 헌법재판소는 2000년대 이후 두 차례의 대통령 탄핵 소추, 행정수도 이전, 위헌정당해산 같은 주요 정치적 사건마다 등장해 그 존재감을 과시했다.

87년 헌법에서 새롭게 나타난 의미 있는 조항은 최저임금제다. 제헌헌법 이래로 계속해서 헌법에는 노동의 권리와 의무에 대한 규정이 있었지만, 임금에 대한 내용은 제5공화국 헌법에 이르러서야 "적정임금 보장에 노력"이라는 문구로 처음 등장했다. 최저임금제를 헌법에 명시한 것은 국가가 직접 최저 수준의 임금을 규정함으로써 '적정임금의 보장'을 실체화한 8차 개헌에서 더 진일보한 것이다. 이런 변화는 당시 저임금 문제가 심각한 사회적 모순으로 여겨지면서 1986년 최저임금법이 공포되고 1987년 시행되었던 것과 맞물려 있다. 최저임금제 시행을 미적거리던 민정당마저도 헌법 개정안에 최저임금제를 명시하는 데 동의한 것은 6월항쟁과 더불어 점차 세력을 키워나가던 노동자들의 불만을 잠재우기 위해서기도 했다.

87년 헌법은 직선제 개헌이라는 국민 요구에 기초해 민주적 절차로 안정적인 헌법을 만들어냈다는 데에 그 의의가 있다. 그러나 앞서 살펴봤던 것처럼 정치 엘리트 간의 담합으로 그 내용이 결정되었다는 한계를 가지고 있다. 특히 8인 정치회담의 실질적 주역이었던 노태우, 김영삼, 김대중이 차례로 대통령이 되었다는 점에서 87년 헌법은 일부 정치 엘리트들에게 유리한 권력구조의 합의 과정이었다고도 말할 수 있다.

70여 년에 걸친 한국 헌정사를 살펴보면 거의 모든 개헌이 대통령이라는 정치권력의 획득을 염두에 두고 벌어진 정치적 행위의 산물이었다는 점을 확인할 수 있다. 이승만과 박정희, 전두환이 주도한 개헌은 본인이 직접 대통령에 당선되기 위한 과정을 그린 것에 불과했으며, 87년 헌법 역시 대통령선거에 대한 쟁점에 매몰되어 다른 중요한 이슈들은 성급하게 타협한 결과였다. 그러나 2018년의 개헌 논의는 과거와 달리 대통령선거라는 이벤트를 목전에 두지 않은 시점에 놓여 있다. 따라서 헌법의 다양한 조항들을 찬찬히 따져보고 토론하는 일이 가능한 상황이다.

헌법 개정 과정에서는 그 누구보다도 헌법 제정권자이며 개정권자인 시민이 주체가 되어야 한다. 진짜 민주적인 헌법 개정은 개헌 논의가 시민들로부터 상향적으로 공론화되는 것을 의미한다. 그런 차원에서 개헌 일정을 6월 지방선거로 못 박는 것은 여러모로 우려가 되기도 한다. 개헌 일정을 확정하고 빠르게 개헌을 추진하는 것보다 더 중요한 것은 시민이 개헌 당사자가 될 수 있도록 논의의 장을 충분히 열어두는 것이다.

무엇을 어떻게 바꿔야 할까?

헌법의 자기소개서: 전문前文

전문이란 말 그대로 '앞에 오는 글前文'이다. 보통 법령이나 강령, 조약에 들어가는데, 법령의 목적과 유래, 가치와 원칙 등을 선언하는 의미를 갖는다. 특히 헌법에서는 역사성을 분명히 하고, 국가가 중요하게 여기는 가치가 무엇인지를 바로 전문에서 선언한다. 다시 말해 헌법에서 국가가 갖는 목표와 지향을 밝히는 자기소개서에 가깝다고 할 수 있다. 그만큼 개헌 논의에서도 전문을 어떻게 바꾸느냐가 상당히 중요한 문제가 된다. 현재 대한민국 헌법 전문은 다음과 같다.

유구한 역사와 전통에 빛나는 우리 대한국민은 3·1운동으로 건립된 대한민국임시정부의 법통과 불의에 항거한 4·19민주이념을 계승하고, 조국의 민주개혁과 평화적 통일의 사명에 입각하여 정의·인도와 동포애로써 민족의 단결을 공고히 하고, 모든 사회적 폐습과 불의를 타파하며, 자율과 조화를 바탕으로 자유민주적 기본질서를 더욱 확고히 하여 정치·경제·사회·문화의 모든 영역에 있어서 각인의 기회를 균등히 하고, 능력을 최고도로 발휘하게 하며, 자유와 권리에 따르는 책임과 의무를 완수하게 하여, 안으로는 국민생활의 균등한 향상을 기하고 밖으로는 항구적인 세계평화와 인류공영에 이바지함으로써 우리들과 우리들의 자손의 안전과 자유와 행복을 영원히 확보할 것을 다짐하면서 1948년 7월 12일에 제정되고 8차에 걸쳐 개정된 헌법을 이제 국회의 의결을 거쳐 국민투표에 의하여 개정한다.

헌정사를 살펴보면서 이미 확인했던 것처럼 '3·1운동'은 그 표현만 달라졌을 뿐 제헌헌법에서부터 계속해서 대한민국의 주요한 역사적 사건으로 전문에 그 이름을 올리고 있다. 대한민국이 민주공화국으로 전환되는 역사적 배경이 된 사건이기 때문이다. '4·19혁명'이라는 표현은 제2공화국 헌법에서부터 지금까지 꾸준히 전문에 등장하는데, 제5공화국 헌법 전문에서는 잠시 빠지기도 했다. 5·16군사쿠데타는 박정희 정권 시절에는 헌법 전문에 '5·16혁명'이라는 표현으로 등장했는데, 이 역시 제5공화국 헌법 전문에서는 삭제되었다. 대한민국임시정부의 법통을 계승한다는 표현은 현행 헌법 전문에 처음 등장한 것으로, 민정당과 통일민주당의 합의에 따른 것이다. 이 문구는 이명박 정권 시절 '건국절 논란'이 벌어지면서 다시 환기되기도 했다.

현행 헌법 전문은 기본적으로 제헌헌법 당시의 전문과 크게 다르지 않다. 제헌헌법 전문과 비교해보자.

> 유구한 역사와 전통에 빛나는 우리들 대한국민은 기미 삼일운동으로 대한민국을 건립하여 세계에 선포한 위대한 독립정신을 계승하여 이제 민주독립국가를 재건함에 있어서 정의인도와 동포애로써 민족의 단결을 공고히 하며 모든 사회적 폐습을 타파하고 민주주의제 제도를 수립하여 정치, 경제, 사회, 문화의 모든 영역에 있어서 각인의 기회를 균등히 하고 능력을 최고도로 발휘케 하며 각인의 책임과 의무를 완수케하여 안으로는 국민생활의 균등한 향상을 기하고 밖으로는 항구적인 국제평화의 유지에 노력하여 우리들과 우리들의 자손의 안전과 자유와 행복을 영원히 확보할 것을 결의하고 우리들의 정당 또 자유로히 선거된 대표로써 구성된 국회에서 단기 4281년 7월 12일 이 헌법을 제정한다.

제헌헌법과 현행헌법 전문의 차이는 무엇일까? 먼저 "민주개혁"과 "평화적 통일"이라는 과제가 새로 추가되었다. 여기서 "민주개혁"은 1987년 현행 헌법 개정안에서 새롭게 추가된 것이며, "평화적 통일"은 유신헌법 제정 당시 명분을 만들기 위해 전문에 삽입했던 것이다. "자율과 조화를 바탕으로 자유민주주의적 기본 질서를 확고히 한다"는 표현은 본래 제헌헌법에서는 "민주주의제 제도를 수립"한다고 되어 있었다. 이것이 유신헌법에서 "자유민주적 기본질서"로 바뀌었고, 87년 헌법에서 이 앞에 "자율과 조화를 바탕으로"라는 말이 추가된 것이다. 그 밖에도 제5공화국 헌법에서 "각인의 책임과 의무"가 "자유와 권리에 따르는 책임과 의무"로 수정되었다.

결국 시대 흐름에 따라 제헌헌법 전문의 내용이 조금씩 변화했던 것인데, 헌법 개정 시기의 역사 인식이나 개정안이 목표로 하는 주요 가치가 추가되었다는 것을 알 수 있다. 현재 개헌 논의 과정에서 쟁점이 되고 있는 전문 개정의 내용은 크게 두 가지로 나뉜다.

첫째, 3·1운동과 4·19혁명에 이어 5·18민주항쟁과 6월항쟁, 부마항쟁 같은 한국 현대사의 주요한 민주화 투쟁을 명시하느냐의 문제다. 더 나아가서 촛불집회를 전문에 포함하자는 주장도 있다. 문재인 대통령은 후보 시절부터 5·18정신을 헌법 전문에 포함시키겠다고 공약했고, 2017년 5·18 기념사에서도 이를 반복해 언급했는데, 실제로 3월 26일 발의한 정부 개헌안에는 5·18만이 아니라 부마항쟁과 6·10민주항쟁도 명시되었다. 물론 이러한 방향에 대해 극우 세력은 반발하고 있다.

둘째, 좀더 미래 지향적 가치, 이를테면 현재 개헌의 주요 가치로 언급되는 분권화, 생명존중, 복지국가 같은 내용을 넣자는 논의다. 30년 동안 시대가 변한 만큼 시대에 걸맞은 새로운 목표와 가치를 선언하자는 의미인데, 구체적으로 어떤 내용을 추가할 것인지 의견이 분분한 상황이다.

5·18을 비롯한 민주화 투쟁들을 헌법 전문에 명시하자는 논의는 이미 살펴보았듯 87년 헌법 전문을 개정하는 과정에서도 벌어졌던 일이다. 30년 전에는 5·18 당사자였던 신군부 세력이 헌법 개정에 강한 영향력을 행사했기에 5·18민주항쟁은 결국 명시되지 못했다. 그러나 신군부의 군사반란에 대한 법적 심판과 민주항쟁에 대한 역사적 평가가 명확해진 지금, 헌법 전문에 5·18을 포함시키지 못할 이유는 없다. 특히 장기간 군부독재를 겪은 나라에서 피흘려 쟁취한 민주주의의 가치를 분명히 강조하는 것은 매우 중요한 일일 것이다. 2016년 겨울부터 진행된 촛불집회 역시 시민의 힘으로 대통령을 탄핵한 최초의 사례라는 점에서 매우 의미가 있으며, 굳이 사건 자체를 강조하지 않더라도 촛불집회가 표출했던 정치 개혁과 직접민주주의에 대한 요구를 전문에 녹여내는 것은 꼭 필요한 일이라 하겠다. 헌법 개정의 시대적 배경을 보여주는 역사적이고 상징적인 작업이 될 수 있기 때문이다.

전문에 새로운 가치를 녹여내는 것 역시 마찬가지다. 지금까지 헌법은 개정 과정에서 시대가 요구하는 과제들을 전문에 추가하는 과정을 거쳤다. 제5공화국 헌법에서 "자유와 권리"라는 문구가 추가된 것은 당시 헌법 개정안이 기본권 확대와 인권 보호를 천명했던 것과 연결되어 있다. 결국 새로운 헌법 개정안이 강조하고자 하는 사명과 과제를 중심으로 전문을 조정하는 것은 당연히 병행되어야 할 일이다. 특히 지금은 '헬조선'이라는 표현이 공공연하게 쓰이는 사회적 분위기가 퍼져 있다. 따라서 부의 편중과 양극화, 노동의 위기라는 사회적 모순들을 극복하기 위해 더욱 평등한 사회를 목표로 하면서 복지국가로 나아갈 것을 명시하는 것이 중요하다고 본다. 미국 연방헌법도 "국민복지를 증진"할 것을 전문에서 밝히고 있으며, 스위스 연방헌법 역시 "국민의 힘은 약자의 복지를 척도로 평가된다"라고 표현함으로써 국가의 공공복지를 중요한 과제로 내걸었다. 이처럼 개정 헌법의 전문에 '복지국가를 추구한다'는 방향을 녹여내는 것은 국가가 국민의 복지를 책임진다는 선언으로서 큰 의미를 가진다.

한 가지 더 바람이 있다면, 개정 헌법의 전문을 더욱 명확하고 유려한 문장으로 다듬었으면 하는 점이다. 현행 헌법 전문은 제헌헌법의 전문을 원전으로 하고 있기에 장황하고 딱딱한 나열이 반복되어 있다. 헌법은 시민의 권리를 보장하고, 시민이 주권자가 되는 국가를 어떻게 운영할 것인지 규정한 문서다. 그런 만큼 누구나 쉽게 읽을 수 있고 명확하게 의미를 파악할 수 있어야 한다. 그런 차원에서 헌법의 역사성과 주요 가치, 국가의 목표와 사명을 분명히 전달할 수 있는 문장으로 다듬는 것이 헌법 개정 과정에서 고려해야 할 지점이 아닌가 싶다.

헌법의 기본 원리: 총강

헌법 1장은 총강을 다룬다. 헌법 총강은 국가 구성과 운영 원리를 규정한다. 모든 법령은 헌법 총강에 규정된 원리에 기반해야 하며, 국가기관과 공직자 역시 헌법 총강에 따라야 한다.

헌법 총강의 개정에 관해서는 큰 쟁점이 없지만, 몇 가지 짚고 넘어가야 할 지점은 있다.

먼저, 헌법 제1조는 대한민국이 민주공화국의 정체성을 가지고 있다는 것은 천명하고 있으며, 국민주권의 원리를 표명한 조문이다. 대한민국은 오랜 독재와 권력의 사유화 그리고 권력의 자의적 행사를 경험한 나라다. 따라서 2항에서 권력의 주체를 규정하는 것을 넘어 권력은 국민을 위한 것이라는 점을 명확히 해둘 필요가 있다.

특히 헌법 제5조 2항과 제7조 2항은 군인과 공무원의 정치적 중립을 명시하고 있다. 그러나 군인과 공무원의 정치적 중립 규정은 그 방향이 서로 다르다. 군인에게는 "정치적 중립성은 준수된다"라는 표현이 쓰이는데, 정치적 중립이 반드시 지켜져야 한다는 의무 조항이라 할 수 있다. 반면 공무원에게는 "정치적 중립성은 법률이 정하는 바에 의하여 보장된다"라는 표현이 사용된다. 이는 공무원이 직무를 수행하는 데서 정치적 압력을 받아서는 안 되며, 정치적 목적으로 공무원이 직무를 수행해서도 안 된다는 의미다.

두 차례 군사쿠데타 경험이 있기 때문에 군인은 공무원보다 정치적 중립이 더욱 강조되고 있다. 특히 지난 정권에서 국군사이버사령부가 이른바 '댓글 공작'에 참여하는 등 선거에 개입한 사실이 드러나면서 군의 정치적 중립은 더욱 중요한 의무로 떠올랐다.

문제는 대한민국은 징병제 국가이기 때문에 남성 대부분이 일정 기간 의무적으로 군인 신분이 된다는 점이다. 징병제 아래서도 일반 병들은 '제복을 입은 시민'으로서 기본권을 보장받아야 한다. 그리고 기본권에는 정치적 표현의 자유가 당연히 포함되어야 한다. 그러나 군대에서는 정치적 중립의 의무를 이유로 일반 병의 정치활동과 사상의 자유를 가로막는 일이 비일비재하다. 입대 전 정당에 가입하거나 정치활동을 했다는 이유로 이른바 '관심 사병'이 되거나, 정치적인 내용의 도서를 반입했다는 이유로 기무사의 '블랙리스트'에 오르는 사례가 바로 그렇다. 이는 일반 병들에게 '정치적 중립'이 아니라 '정치적 제약'을 가하는 것이나 마찬가지다.

공무원도 크게 다르지 않다. 공무원의 정치적 중립은 '보장'되는 것인데도 국가공무원법은 이를 의무에 가깝게 해석한다. 공무원 역시 시민으로서 정치활동의 자유가 주어져야 하지만, 국가공무원법은 정당 가입과 같은 개인의 정치적 자유마저도 가로막고 있는 상황이다.

일반 병사와 교사 그리고 공무원의 정치활동이 지나치게 제한되는 지금의 상황을 고려해 이들의 정치적 권리가 제대로 보장되는 방향으로 헌법을 개정해야 한다. 헌법에서 이야기하는 정치적 중립은 민주주의를 지키기 위한 것이다. 곧 이 조항이 민주주의의 영역을 좁히는 방식의 '정치적 제한'이 되어서는 안 될 것이다.

"국가는 전통문화의 계승 발전과 민족문화의 창달에 노력하여야 한다"는 헌법 제9조 역시 현재 한국 사회가 점차 다민족, 다문화 사회로 바뀌고 있다는 점을 고려해 개정될 필요가 있다. 전통문화의 계승 발전은 유지하되 민족문화가 아니라 문화적 다양성과 문화의 진흥을 강조하는 용어로 대체되어야 한다.

모두의 권리:
기본권

실질적 평등을 보장하는 헌법

현행 헌법 제2장 제목은 "국민의 권리와 의무"다. 그러나 실질적으로는 기본권을 그 내용으로 다루고 있어, 정부의 새 개정안에서는 "기본적 권리와 의무"로 제목을 바꾸었다. 사실 헌법을 개정할 때 가장 중요한 주제가 되어야 하는 것이 바로 기본권이다. 지난 헌정사를 돌이켜보면 개헌의 주요 관심사는 주로 권력구조였다. 미국은 사회의 뜨거운 감자인 연방헌법 수정 제2조(무기소지권)를 비롯한 대부분의 수정헌법이 시대 변화에 따르는 기본권 확장에 대한 논쟁의 결과로 추가된 것이었다. 그러나 우리 헌법의 역사는 주로 독재 권력 강화와 민주화라는 상반된 목적 사이에서 권력구조를 두고 시소타기하기 바빴다. 변화하는 시대 흐름에 맞춰 기본권을 확장하려는 노력은 상대적으로 등한시된 것이다.

따라서 제도적 민주화라는 과제를 달성한 뒤 30년이 흐른 지금은 개헌의 목표가 달라져야 한다. 세계화, 정보화, 다민족화, 소수자의 가시화 같은 87년 헌법 개정 당시의 시야에서는 보이지 않았던 다양한 변화가 한국 사회 전반에서 일어났기 때문이다. 이러한 변화에 발맞춰 기본권 역시 더욱 광범위하면서도 세심한 논의 과정을 통해 확대되어야 한다.

현행 헌법은 제10조에서 "모든 국민은 인간으로서의 존엄과 가치를 가지며, 행복을 추구할 권리를 가진다"라고 선언한다. 또 국가는 개인의 인권을 확인하고 보장할 의무를 가진다고 말한다. 이에 더해 국민의 생명권과 안전권을 명시함으로써 재난이나 전쟁, 사고 등의 위험으로부터 국가가 국민의 생명과 안전을 보호해야 한다. 2014년 4월 16일 이후를 살아가는 시민의 분노와 불안, 국가가 국민의 생명과 안전을 저버렸다는 절망감을 떨쳐내기 위해서라도 생명과 안전에 대한 권리를 규정하고 이에 대한 국가의 책임을 헌법 정신으로 구현해야 할 것이다.

평등권과 차별 금지를 명시한 제11조도 변화한 사회 현실에 맞게 더욱 명확한 표현으로 바꿔야 한다. 성별, 성적 지향, 인종과 민족, 출생, 나이, 언어, 사회적 신분, 종교, 사상, 정치적 신념, 장애, 유전적 특징 같은 요인으로 차별당하지 않도록 더욱 포괄적이고 구체적인 문구를 넣어 국가의 적극적 조치가 가능하도록 해야 한다.

특히 실질적 평등권을 보장하기 위한 방향으로 소수자의 권리를 더욱 세심하게 규정할 필요가 있다. 이를테면 지금까지 헌법에서 강조되지 않았던 성평등에 대한 조항이 그렇다. 현행 헌법에서는 제11조에서 성별에 따른 차별을 금지하고 있지만, 이를 넘어 여성이 남성과 동등한 권리를 가진다는 것을 분명히 하고, 이를 실현하기 위한 국가의 의무를 헌법에 포함시켜야 한다. 여성의 근로를 '보호'해야 한다고 서술된 헌법 제32조 역시 여성은 '보호' 대상이 아니라 남성과 동등한 권리를 가진 하나의 주체로서 그 권리가 당연히 보장되어야 한다는 의미로 개정해야 한다. 같은 맥락에서 모성보호의 노력을 명시한 제36조도 구체적으로 임신과 출산, 자녀양육 같은 재생산 전반에 대해 국가가 지원하고 이를 보장한다는 내용으로 구체화해야 한다.

현행 헌법에서 제대로 다루지 못하고 있는 소수자의 권리 하나는 장애인 권리다. 헌법 제34조 5항은 "신체장애자 및 질병·노령 기타의 사유로 생활능력이 없는 국민은 법률이 정하는 바에 의하여 국가의 보호를 받는다"라고 되어 있다. 이는 장애인을 "생활능력이 없는 국민"이라는 수동적 존재로 정의하고 보호의 대상으로만 바라본다는 점에서 심각한 문제를 가진 조항이다. 그뿐 아니라 "신체장애자"라는 표현으로 장애인의 범주에서 정신장애인을 배제하는 한계도 드러낸다.

장애인은 독립된 인격체다. 자립적으로 생활하며 사회 참여의 권리를 가진 존재다. 국가는 장애인을 보호의 대상으로 바라보는 관점에서 벗어나야 한다. 또 장애인이 비장애인과 마찬가지로 사회구성원으로 자립할 수 있도록 기회를 보장해야 한다. 유럽연합은 기본권 헌장에서 "장애인의 독립, 사회적·직업적 통합, 공동체 생활의 참여를 보장하기 위한 조치를 통하여 혜택을 받을 수 있는 장애인의 권리를 인정하고 존중한다"라고 규정한다. 우리 역시 이에 준하는 수준에서 장애인의 권리를 신설해야 한다.

아동이나 청소년도 한국 사회에서는 독립된 주체로서 그 기본권을 보장받지 못하는 존재다. 현재 아동과 청소년과 관련한 주요 법령은 청소년기본법, 아동복지법, 청소년활동진흥법, 청소년보호법을 포함해 7개가량이다. 그러나 각 법령마다 아동과 청소년에 대한 연령 범위가 제각각이다. 청소년기본법에서는 청소년의 범위를 만 9세 이상, 만 24세 이하로 정하고 있으며, 청소년보호법에서는 만 19세 미만을 청소년으로 규정한다. 민법 제4조에서는 만 19세 미만을 '미성년자'라고 규정하고 있으며, 공직선거법에서는 만 19세 이상의 국민에게만 선거권을 인정한다. 이처럼 법령마다 고무줄 잣대로 아동과 청소년, 미성년자 혹은 연소자라는 표현으로 연령 규정이 다른 상황에서 아동과 청소년은 독립된 주체로서 그 권리를 일관되게 인정받지 못하고 있다.

이런 문제는 청소년을 미성숙한 존재로 바라보고, 권리를 가진 주체로 인정하지 않는 사회 분위기를 그대로 반영한다. 그러나 돌이켜보면 청소년은 한국 현대사의 전환점마다 정치 주체로서 자신의 의사를 적극 표명하며 민주화에 앞장섰다. 일례로 제헌헌법 이후 선거권자 연령은 만 21세였으나, 민주주의를 쟁취하기 위한 투쟁에 앞장선 청소년 세대의 노력으로 4·19혁명 이후 선거권자 연령이 만 20세로 하향되었다. 1987년 6월항쟁 뒤 야당이 일제히 선거권자 연령을 18세로 내리자고 주장했던 것은 민주화에 기여한 청소년들의 권리를 보장하기 위해서였다. 청소년들은 언제나 독립된 주체로서 민주주의를 위해 활발하게 활동했다. 촛불집회에서도 마찬가지였다.

민주공화국을 표방하는 나라에서 동료 시민인 청소년의 권리를 헌법으로 규정하고 있지 못한 것은 큰 실책이다. 개헌을 논의하고 있는 지금도 크게 다르지 않다. 새로운 헌법의 시대를 살아가야 할 당사자인 청소년들의 목소리가 전혀 반영되고 있지 못한 현실은 큰 문제라 하지 않을 수 없다.

헌법을 만드는 주체는 어디까지나 민주공화국 시민이다. 그러나 돌이켜보면 여성, 장애인, 청소년 같은 사회 소수자들은 헌법의 주 관심사가 되지 못했으며 헌법을 만드는 과정에서도 소외되어왔다. 따라서 이제는 소수자들의 참여를 제도적으로 보장하고, 이들의 권리를 배제하지 않는 방향으로 변화해야 한다.

변화하는 시대에 걸맞은 헌법

한국은 전 세계가 인정하는 IT 선진국이다. IT 선진국에 걸맞게 정보 인프라를 갖추고 있으며, 디지털 경제의 규모도 여느 국가와 비교하기 어려울 만큼 빠르게 성장하고 있다. 이처럼 고도의 정보화 사회에 들어선 현실에 부응할 수 있도록 정보기본권을 헌법에 명시하자는 주장이 등장했다. 정보기본권이란 인간이 정보에 접근하고, 정보를 이용하며, 자신의 정보를 보호받을 권리다. 특히 개인정보 보호를 위한 프라이버시권, 자신의 정보를 자율적으로 관리할 수 있게 한 개인정보자기결정권은 디지털 시대의 정보에 대한 개인의 자유를 인정하고 보호하기 위한 것이다. 그러나 현행 헌법에는 정보와 관련한 직접적 규정이 없다. 개별 법령을 통해 개인정보 취득에 대한 권리를 인정함으로써 공공기관의 정보공개를 명시하고, 정보통신망 이용과 정보보호에 대한 법률을 통해 개인정보 보호 방향을 정하고 있는 정도에 불과하다. 정보에 대한 권리를 제도화하고 있긴 하지만 현재 법령들로는 디지털 공간에서 생기는 문제와 사회 갈등에 온전히 대처하기 어렵다. 따라서 정보기본권을 새로운 기본권으로 인정하자는 논의가 힘을 얻고 있다.

　기본권 주체를 '국민'에서 '사람'으로 확대하겠다는 개헌 논의 역시 외국인과 무국적자 등 이주민이 급속하게 늘어나고 있는 사회적 변화를 따라가는 방향이다. 다만, 표현만 바꾼다고 해서 한국 사회에서 권리를 제대로 보장받지 못하고 있는 이주민 다수의 삶에 직접적 영향을 미치긴 어렵다.

　한국은 무엇보다 민주주의를 위한 지난한 저항의 역사를 겪은 나라다. 따라서 정치적 박해와 생존의 위협으로 한국으로 이주한 이들에 대한 '망명권'과 '난민보호의 원칙'을 헌법으로 명시해야 한다. 이미 국가인권위원회는 2017년 6월, 망명권을 신설해 그 권리를 법률로 보장하고 난민을 보호하자는 내용의 헌법 개정안을 제안한 바 있다.

　한국은 2012년 아시아 최초로 난민법을 제정한 적이 있다. 실제로 2017년 한 해에만 1만 건에 가까운 난민 신청이 접수되었지만, 난민 지위를 인정받은 사람은 121명에 불과할 정도로 그 실효성이 떨어진다. 보다 적극적으로 난민을 보호하기 위한 조치가 이뤄져야 하며, 헌법으로 이를 선언함으로써 인권 국가의 길로 나아가야 한다. 대한민국은 헌법 전문에서도 밝히고 있듯 대한민국임시정부에 그 법통을 두고 있다. 이는 대한민국의 뿌리가 망명자들로 구성된 망명정부에 있다는 뜻이기도 하다. 정치적 박해나 전쟁, 재난으로 고통받는 이들과 함께하겠다는 내용을 헌법에 싣는 것은 매우 당연한 일일지 모른다.

그뿐 아니라 이주민들에게 직업의 자유를 확대하는 것 역시 개헌 과정에서 반드시 논의되어야 할 주제다. 산업적 필요로 이주노동자의 수가 점차 늘어나고 있지만, 현재 실시 중인 고용허가제도는 이주노동자의 사업장 변경 사유를 제한하고, 사업장 변경 횟수도 3회로 한정하고 있다. 이런 제도를 악용한 인권 침해가 잇따르고 있는 현실이다.

헌법재판소는 2011년, 이주노동자 역시 "모든 국민은 직업 선택의 자유를 가진다"는 헌법 제16조에 포함되는 기본권의 주체임을 인정했지만, 실질적으로 권리를 제약하고 있는 고용허가제에 대해서는 내국인의 고용 기회를 보장하는 정책이라는 이유로 합헌 결정을 내려 앞뒤가 맞지 않는 모습을 보였다. 이처럼 개헌을 통해 기본권의 주체를 확대하는 것만이 아니라, 한국 사회의 이주민들에게 실질적 권리가 보장될 수 있도록 기존 제도를 검토하고 개정해 나가는 것이 중요하다.

더욱 민주적인 나라를 위해 : 정부 형태와 권력구조

우리 헌법은 제헌헌법에서부터 대통령중심제와 내각책임제의 요소가 혼합된, 상당히 특이한 정부 형태와 권력구조를 명시하고 있다. 이런 특이성은 헌법 초안을 기초한 유진오와 제헌국회의 다수파였던 한민당은 내각책임제를, 이승만은 대통령중심제를 각기 주장하는 상황에서 정치적 타협으로 헌법이 완성되었기에 생겨난 것이다. 이후 대한민국은 무려 아홉 차례에 걸친 헌법 개정의 역사를 갖게 되는데, 개헌 내용은 주로 대통령 선출 방법과 임기, 권한에만 집중되었다.

1960년 4·19혁명 이후 3차 개헌을 통해 내각책임제에 기반한 헌법이 등장하지만, 채 일 년도 지나지 않아 5·16군사쿠데타가 일어나면서 제3공화국 헌법에서 다시 대통령제로 회귀한다. 이후로도 강력한 대통령 권력을 명시한 헌법은 유지된다. 대통령이라는 강력한 힘은 군사쿠데타를 통해 집권한 독재자들에게도, 독재를 갈아엎으려는 민주화 세력에게도 마치 '절대반지'처럼 기능했다. 간혹 내각책임제에 대한 논의가 등장한 적도 있지만, 정치권력의 향방을 둘러싼 당리당략적 의도에서 제기된 것이었을 뿐 한국 정치를 더욱 민주적으로 디자인하고자 하는 진지한 논의였다고 보기는 어렵다.

한국의 대표 정치학자로 꼽히는 최장집은 이처럼 정치제도에 대한 토론이 부족했던 한국의 정치사를 비판적으로 바라보며 "결과적으로 제도에 대한 파당적 이해관계를 넘어, 특정의 제도, 특정의 경쟁 규칙이 사회와 시민의 이익과 요구를 얼마나 잘 대표할 수 있는지, 민주주의 발전에 얼마나 기여할 수 있을지에 대한 보편적 기준에 대한 고려나 관심은 우리의 전통 속에 자리 잡지 못했다"라고 평가했다. 당장 대통령선거가 시급한 상황이 아니어서 '파당적 이해관계'에서 조금은 자유로운 현재의 개헌 논의는 그동안 제대로 논의되지 못했던 정부 형태와 권력구조에 대한 관심을 환기하는 기회가 될 수 있을 것이다.

대통령의 권력이 '만능 키'처럼 여겨진 인식에서 한 발짝 벗어나 현재 한국 사회에서는 어떤 정치제도와 정부 형태가 시민의 이익과 요구를 잘 대표할 수 있을지 검토해보자.

2018년 4월을 기준으로 정부 형태에 대한 논의의 정치 지형도를 그려보면, 여당인 더불어민주당은 대통령중심제를 유지하되, 대통령 5년 단임제를 대통령 4년 중임제로 바꾸고 대통령의 권한 일부를 국회와 지방정부로 분산시키겠다는 당론을 가지고 있다. 곧 대통령 임기를 4년 중임제로 전환하고, 예산 편성권과 감사권, 인사권을 국회로 이관하며, 지방정부의 권한을 확대하겠다는 것이다. 제1야당인 자유한국당은 이른바 '분권형 대통령제'를 주장한다. 이 '분권형 대통령제'가 무엇을 의미하는지 아직 구체적으로 드러나진 않았지만, 실질적으로는 이원정부제를 모델로 하는 것으로 보인다. 제2야당인 바른미래당 역시 기본적으로 분권형 대통령제를 주장하고 있지만, 역시 그 구체적 내용을 확인하긴 어렵다. 민주평화당은 여당의 4년 중임제에 동의하는 모양새고, 정의당은 대통령 권한 분산과 연동형 비례대표제를 이야기한다. 그렇다면 이런 지형을 참고해 국가의 권력구조와 정부 형태를 한번 살펴보자.

간단하게 정리하면, 한 국가의 정부 형태는 크게 대통령중심제, 내각책임제, 그리고 두 제도를 결합한 형태인 이원정부제로 분류할 수 있다.

대통령중심제는 국민이 선출한 대통령이 국가 원수이자 행정부 수반으로서 국정 전반을 책임지며, 의회는 이를 견제하는 역할을 맡는다. 대통령제는 보통 정해진 임기가 보장되기 때문에 그 임기 내에 정부가 안정적으로 운영된다는 장점이 있다. 그뿐 아니라 권력이 대통령에게 집중되기 때문에 대통령 개인의 결단과 의지에 따라 강력한 개혁이 가능하다.

그러나 한국의 경우 '제왕적 대통령제'라 불릴 만큼 대통령이 지나치게 강력한 권력을 가지고 있기 때문에 이것이 양날의 검이 되기 쉽다. 대통령의 강력한 권력은 자칫 독재로 이어질 수 있으며, 대통령중심제는 기본적으로 승자독식의 권력구조이기 때문에 국정 운영이 정당 간의 협조나 온건한 경쟁 대신 갈등과 반목으로 치달을 가능성이 높다. 가장 큰 문제는 대통령선거에서 패배한 후보자를 지지한 유권자들의 의견이 사장될 우려가 크다는 것이다. 특히 대통령선거가 다자 구도로 치러지면 유권자 과반의 표를 얻지 못하더라도 대통령에 당선될 수 있는데, 이 경우 유권자 과반의 정치적 의사가 무시될 소지가 다분하다. 민주주의 이념은 시민의 다양한 의견을 어떻게 수렴하고 대표하느냐에 달려 있는데, 대통령중심제는 민주주의를 단순한 다수결 싸움으로 오해하도록 만들 공산이 크다.

대통령중심제가 정당정치의 발전을 가로막는다는 비판도 있다. 대통령 개인이 정당보다 우위에 서기 때문에 어느 당이 집권하느냐보다 누가 대통령으로 당선되느냐가 국가 정책에 큰 영향을 미치게 된다. 대통령중심제에서 정당은 정치 이념이나 정책을 공유하는 조직이라기보다 유력한 대선 후보를 매개로 한 선거 동맹에 가깝다. 대통령과 대권주자를 중심으로 당내 계파가 형성되고, 개인의 당선 가능성에 따라 정당이 움직인다. 한국 현대사를 돌이켜 보더라도 대선 승리를 위해 3당 합당을 강행한 민주자유당의 사례, 여당에 맞서기 위해 정치 색깔이 다른 두 정치인, 곧 안철수와 문재인이 동맹을 맺고 새정치민주연합을 출범한 사례가 대표적이다. 좋게 말하면 대선을 매개로 정치 역동성이 강해지는 것이고, 나쁘게 말하면 선거 때마다 정당이 인물 중심으로 쪼개지거나 합쳐지는 상황이 펼쳐지는 것이다. 새롭게 정당을 창당할 때마다 '백년 정당'을 자임하지만, 몇 년 지나지 않아 통합과 소멸을 반복했던 것이 한국 정당사에 비일비재하다. 당원들의 의사가 반영되는 정당이 되기보다는 유력 정치 지도자를 중심으로 계파가 구성되고 그 계파의 의지가 정당을 움직일 가능성이 높아지는 것이다. 이런 조건에서 정당이 이념과 정책, 당 조직을 기반으로 성장하는 것을 기대하기는 어렵다.

그뿐 아니라 지금처럼 단임 대통령제가 유지되는 상황에서는 대통령의 임기 말 '레임덕 현상'을 피하기 어렵다는 문제도 있다. 대통령중심제의 장점은 보장된 임기 내에 강력한 지도력을 발휘할 수 있다는 것인데, 단임제 아래서는 이 지도력이 끝까지 유지되기가 어렵다. 따라서 대통령은 장기적이고 거시적인 국가정책보다는 단기적인 치적 쌓기에 몰입할 가능성이 크다. 게다가 한국처럼 총선과 대선이 맞물리지 않는 선거제도를 가진 나라에서는 국회가 여소야대로 구성될 경우 행정부와 의회의 방향이 서로 맞지 않아 국정 운영에 차질이 빚어지는 경우가 많다.

내각책임제는 대통령(공화국)이나 왕(입헌군주국)이 국가 원수 역할을 맡고, 행정부 수반은 의회에서 선출한 총리가 맡는 구조다. 한마디로 대통령이 외교와 국정 조정을 담당하고, 정부 구성과 운영은 총리가 책임지는 체제라 할 수 있다. 대통령중심제와 가장 큰 차이라면, 의회가 총리를 선출하기 때문에 행정부 수반인 총리의 임기가 정해져 있지 않으며, 언제든 의회에 의해 행정부의 변화가 일어날 수 있다는 점이다. 총리 임기가 보장되어 있지 않기 때문에 의회는 시민의 여론에 민감해지고 언제든 총리에게 여론에 입각한 정치적 책임을 물을 수 있다. 거꾸로 총리의 임기가 보장되어 있지 않은 만큼 정치적 혼란이 일어나면 정부가 안정적으로 운영되기 어렵다는 단점이 있다. 한국에서 내각책임제가 실시되었던 장면 정권 시기가 이런 경우였는데, 4·19혁명 직후 정치적 혼란이 지속되었기 때문에 한국인들에게 내각책임제는 불안정하다는 인상이 강하게 남아 있다.

내각책임제의 특징 하나는 승자독식 원리가 아니라 연합정치 원리로 굴러간다는 것이다. 한 정당이 단독으로 과반 이상의 의석을 얻지 못하면 총리를 뽑기 위해 정당 간 연합으로 정부를 구성하는 경우가 많다. 이를 연립정부라고 하는데, 연립정당 간의 협상을 통해 국정이 운영되기 때문에 대통령중심제에 비해 더 많은 유권자의 의사가 국정에 반영된다. 정당 간 연합 가능성이 열려 있기에 발목 잡기식 정치가 아니라 의제에 따라 정당 간 협상과 타협이 원활하게 이뤄질 수 있다. 대통령중심제처럼 다방면에 걸쳐 강력한 개혁을 추진하는 것은 어렵지만, 연립정당 간에 큰 이견이 없는 문제에 한해서는 원내 과반을 점한 다수파로서 오히려 빠르고 손쉬운 입법이 가능하다.

정당정치의 발전이라는 측면에서도 내각책임제가 대통령중심제보다 큰 이점이 있다. 대통령중심제가 보통 대통령 후보 개인에게 초점이 맞춰진다면, 내각책임제에서는 정당에서 총리 후보를 지명하기 때문에 정당이 인물보다 우위에 서게 된다. 내각책임제 국가는 대통령중심제 국가보다 다당제 구도 아래에서 각 정당이 정치적 이념과 정책을 장기간 유지하면서 상호 경쟁하는 정치 문화를 형성하는 경우가 많다.

그러나 단점도 적지 않다. 먼저 대통령중심제처럼 여소야대 현상이 일어나지 않기 때문에 정부와 여당이 잘못된 길을 걷게 될 경우 이를 야당이 견제하기가 어렵다. 내각책임제를 실시하고 있는 나라에서 양원제를 채택한 경우가 많은 것도 이런 이유에서다. 양원제를 실시하면 상원과 하원을 분리시키고 그 구성 방식을 달리해 보통 상원이 하원에 대한 견제 역할을 맡는다.

또한 다양한 정치적 의사를 대표하는 정당이 많아진다는 장점은 역으로 군소정당의 난립으로 이어질 위험을 내포한다. 군소정당이 난립하면 과반 의석을 확보하기 위한 연정이 어려워져 정부 구성이 늦춰질 가능성이 있다. 언어권 별로 국회의원을 선출하는 특징적 제도를 가진 벨기에는 언어권과 이념에 따라 정당이 수십 개에 이른다. 연립정부를 구성하는 데 보통 세 달 이상 걸리며, 2011년에는 무려 540일간의 협상 끝에 연립정부 구성에 성공한 적도 있다. 이런 경우에는 설령 연립정부가 들어서더라도 정치적 갈등으로 연합이 깨질 수 있고, 그렇게 되면 극단적으로 불안정한 정치적 혼란이 올 수 있다.

이처럼 대통령중심제와 내각책임제는 장단점이 분명하다. 장단점이 분명한 상황에서 어느 제도가 더 우위에 있느냐를 비교하는 것은 무의미하다. 곧 현재 한국 사회에 걸맞은 정치적 제도가 무엇이냐를 검토하는 것이 더욱 중요한 일일 것이다. 특히 한국은 '직선제=민주화'라는 정치적 기억이 강하게 남아 있고, 수십 년간 대통령중심제를 유지한 나라이기에 대통령중심제를 폐기하고 내각책임제로 전환하기가 상당히 어려운 환경이다. 따라서 대통령의 권력 분산을 요구하는 야당 역시 내각책임제를 강력하게 주장하지 못하고 '분권형 대통령제'를 이야기하는 것이다.

그렇다면 **이원정부제**는 무엇일까? 우리에게 약간 생소한 이원정부제야말로 현재 개헌을 둘러싼 논의의 '키포인트'라 할 수 있다. 이원정부제는 과거 독일 바이마르공화국 헌법에 나타난 혼합형 정부 형태에 바탕을 둔다. 간단하게 말하자면, 집행부가 선출된 대통령과 내각의 두 기구로 구성되며, 대통령과 내각이 행정에 대한 권한을 나눠갖는 형태다. 정치적 안정기에는 내각책임제 형식으로 총리가 고유한 권한을 행사하며 정부를 책임진다. 그러나 국가 위기나 긴급 상황에서는 대통령이 긴급명령권을 가지고 행정권을 행사할 수 있다. 보통 대통령은 국가 안보에 대한 권한을 갖고, 그 외 행정부처에 대한 권한은 총리에게 주어진다.

현재 제5공화국 이후의 프랑스가 이런 형태의 정부를 운영 중이다. 정치학자 모리스 뒤베르제Maurice Duverger는 프랑스의 정부 형태를 '분권형 대통령제'라는 용어로 정의했다. 현재 야당 일각에서 주장하는 '분권형 대통령제'가 이원정부제를 말하는 것인지 아닌지 혼란이 생기는 것은 이 때문이다.

뒤베르제는 프랑스의 정부 형태를 두고 "대통령중심제와 내각책임제의 중간 형태라기보다는 의회의 다수파가 대통령을 지지하느냐 아니냐에 따라 대통령중심제와 내각책임제의 국면을 교대하는 정부 형태"라고 정의한다. 두 제도를 섞어놓았다기보다 정치 상황에 따라 대통령중심제의 특징과 내각책임제의 특징이 교대로 등장한다고 보는 편이 이해하기 쉬울 것이다.

이원정부제에서는 만약 대통령과 총리가 동일한 정당에 속하면 대통령중심제의 특징이 그대로 나타난다. 그러나 대통령의 소속 정당과 의회 다수파 정당이 다르다면 내각책임제의 특징이 나타난다. 이처럼 대통령과 총리의 소속 정당이 갈리는 상황을 보통 '동거정부'라는 용어로 표현한다.

얼핏 보면 이원정부제는 대통령제와 내각제의 절묘한 절충안처럼 보인다. 그러나 정치 상황에 따라 대통령중심제와 내각책임제의 장단점이 모두 나타난다는 위험을 내포하고 있기도 하다. 극단적인 경우, 푸틴이 권력을 독점하고 있는 지금의 러시아처럼 한 개인이 총리와 대통령을 번갈아가며 맡음으로써 권력을 장악하는 사례가 등장할 수도 있다.

이원정부제는 무엇보다 대통령과 총리 사이의 권한 분배를 적절하게 해내는 게 쉽지 않다는 문제가 있다. 한국은 제헌헌법 시절부터 국무총리직을 두고 있지만, 대통령중심제 아래서 국무총리가 실권을 가져본 적은 거의 없다. 헌법에 규정된 국무총리의 권한으로는 국무위원 제청권, 해임 건의권, 행정각부 통할권 등이 있지만, 국무총리의 역할은 어디까지나 대통령을 보좌하고 대통령의 명을 받아 행정 각부를 통할하는 것으로 정해져 있기 때문에 실제로 총리의 권한은 유명무실하다. 과거 '책임 총리'라는 표현으로 대통령이 국무총리에게 권한을 분산하겠다는 의사를 표명한 사례가 있긴 했지만, 이는 대통령의 적극적 지원 아래 제한적으로 가능했던 경우일 뿐이지 국무총리가 정말로 독립적 역할을 했던 것은 아니었다. 이런 한국 정치사의 맥락에서 대통령과 총리의 권한을 어떻게 분배할 것이냐에 대한 해법을 쉽게 내놓기는 어렵다.

결국 문제는 다시 원점으로 돌아간다. "과연 한국의 정치 현실에 맞는 그리고 정치 문화의 발전에 도움이 되는 제도는 무엇인가?"라는 질문 앞에 서 보자.

이번 개헌에서는 대통령 4년 중임제를 채택하는 것이 현실적으로 유효한 선택일 듯하다. 대통령 4년 중임제는 대통령이 지금보다 시민 여론에 민감하게 반응할 수 있도록 만들며, 정책을 장기적으로 꾸릴 수 있는 환경을 조성하는 데 적절하다. 일각에서 대안으로 제시하는 이원정부제는 대통령과 국회 다수당의 총리가 협력해 국정을 운영하는 것이 중요한데, 지금까지 한국 정치사에서 여야가 동일한 국정 과제를 달성하기 위해 협력한 경험이 그리 많지 않다는 점에서 비관적이다. 설령 대통령이 속한 정당과 국회의 다수당이 동일한 정당이라 하더라도 두 명의 최고 지도자가 있는 상황에서는 협력과 견제의 원리가 작용하기보다 극심한 갈등 이 나타나거나 종속 관계로 변질될 우려가 크다. 기존 대통령제를 유지하면서 국무총리의 권한을 확대하는 정치적 실험과 정당이 중심이 되는 정치 풍토가 마련되어야 이원정부제로 전환할 수 있는 여건이 마련될 것이다. 따라서 대통령중심제를 유지하되, 더 나은 대통령제가 될 수 있도록 임기를 손보는 것이 이번 개헌의 현실적 방안이라 하겠다.

굳이 정부를 이원화하지 않더라도 대통령의 권한을 분산시키는 방법은 여러 가지가 있다. 먼저 대통령의 인사권 축소를 고려해볼 수 있다. 대통령이 사법부에 강력한 권한을 행사하는 문제를 해결하기 위해 87년 헌법의 논의 과정에서 제안되었던 사법부의 독립적 법관추천위원회를 구성하는 것이 그 예다. 이 위원회에서 대법원장과 헌법재판관을 추천하도록 만드는 것이다.

승자독식 구조로 유권자 과반의 표가 사장될 수 있는 문제는 결선투표제 도입으로 어느 정도 해결할 수 있다. 대통령선거에 결선투표제도가 도입되면 적어도 1987년 선거처럼 36.6퍼센트의 득표만으로 대통령에 당선되는 사태는 일어나지 않을 것이다.

정부 형태와 권력구조에 대해 논의할 때 강조되어야 할 지점은 지금의 정치제도를 부정하고 단순히 새로운 제도를 도입하는 것만으로는 민주주의가 발전하지 않는다는 사실을 인식하는 것이다. 한국의 기형적 정치 현실은 근본적으로 오랜 권위주의 독재정권 시절부터 누적된 시민사회에 대한 억압에 기인한다. 민주화 이후에도 이런 억압과 통제는 그 형태만 달라졌을 뿐 여전히 한국 사회를 옥죄는 원리로 작동한다.

민주주의와 정당정치의 발전은 민주주의의 주체인 시민이 민주주의의 원리를 익히고 실천하는 일상의 영역에서부터 시작한다. 정치에 대한 냉소주의가 팽배한 상황을 바꾸고 시민이 민주주의의 주체로 바로 서려면, 학교 교육과정에서 시민의 권리와 의무를 가르쳐야 하고, 학생자치를 통해 민주적 경험을 쌓도록 여건을 마련해줘야 한다. 직장에서는 민주적 기업 문화를 만들기 위한 노동조합의 활동이 마땅히 이뤄질 수 있는 환경이 조성되어야 한다. 또 청소년이 자신의 정치 이념과 가치에 따라 정당에 가입하고 당원으로 활동하는 것이 이상하지 않은 나라가 되어야 정당정치가 발전하고 민주주의가 뿌리내릴 수 있다.

정부 형태와 권력구조에 대한 논의가 정치권에서 개헌의 쟁점이 될 수밖에 없지만, 사실 권력구조에만 개헌 논의의 초점이 맞춰지는 상황은 그리 바람직하지 않다. 민주주의는 대통령중심제가, 내각책임제가, 이원정부제가 보장하는 것이 아니다. 정치 영역에 더 많은 시민이 참여할 수 있도록 만드는 것이 민주주의를 보장하는 근본적인 길이다. 이번 개헌이 정치를 바꾸기 위한 개헌이 되기 위해서라도 단순히 선언적 차원에서 '민주공화국'임을 반복해 내세우는 것이 아니라, 일상의 영역에서부터 정치의 장을 열 수 있는 헌법적 근거가 마련되어야 할 것이다.

풀뿌리 자치의 확장:
지방분권

이번 개헌 논의에서 가장 중점적인 의제로 두각을 드러내는 것 중 하나는 바로 '지방분권' 문제다. 문재인 대통령은 '지방분권 공화국' '지방분권 개헌'이라는 강력한 표현을 쓰면서 지방자치단체의 자치입법권, 자치행정권, 자치재정권, 자치복지권을 헌법화하고, 지방자치단체라는 용어를 지방정부로 개칭하겠다고 밝힌 바 있다.

몇 년 전 일본에서 《지방 소멸》이라는 책이 인기를 끌었다. 이 책의 저자 마스다 히로야는 일본의 인구를 분석하면서 도쿄도의 인구 집중화, 농촌 고령화, 저출산 문제가 지방 인구의 엄청난 축소로 이어지고 있다면서 이런 인구 감소가 결국 지방의 소멸로 귀결될 것이라고 경고했다.

일본보다 수도권 집중 현상이 더욱 심각하다고 볼 수 있는 한국에서도 지방 소멸의 위험성을 지적하는 연구가 쏟아져 나오고 있다. 얼마 전에는 30년 안에 전국 228개 지자체 중 3분의 1 이상이 사라질지도 모른다는 보고서가 나와 많은 사람에게 충격을 주기도 했다. 특히 최근 제조업의 위기 속에서 공단 지역 일자리가 점차 줄어드는 현상 역시 지방 소멸에 대한 걱정을 증폭시킨다. 논란이 되고 있는 울산, 거제 지역의 조선업 구조조정 문제나 한국GM의 군산공장 철수 문제만 보더라도 전통적인 제조업 중심의 산업

도시가 받는 타격이 얼마나 심각한지 알 수 있다.

지방 도시가 겪는 어려움이 심각해지고 있는 가운데 이 문제를 타개할 방책으로 지방분권을 강화하자는 주장이 힘을 얻고 있다. 지방자치제도가 실시된 지 20년이 지났지만 지방자치단체의 권한에 한계가 있기 때문에 지역에 걸맞은 정책을 개발하고 실현하는데 어려움이 있다는 것이다.

특히 '지방분권 전도사'라는 별명을 가진 김부겸이 행정안전부 장관이 되면서 지방분권은 더욱 힘을 얻었다. 행정안전부는 '연방제에 버금가는 강력한 지방분권'을 목표로 '중앙 권한의 획기적 지방 이양' '강력한 재정분권' '자치단체 역량 강화' '주민자치 강화' '네트워크형 지방행정체계 구축'을 지방분권의 로드맵으로 제시했다. 개헌을 통해 지방분권의 가치를 헌법에 담아냄으로써 국가 사무를 이양하는 행정적 분권을 넘어 중앙과 지방의 관계를 재정립하고 지방끼리 연대할 수 있도록 만들자는 것이 행정안전부가 내세우는 지방분권의 방향이다.

지방자치단체와 지역 언론들도 지방분권에 적극적인 목소리를 내고 있다. 2018년 1월, 광역지방자치단체장들의 협의체인 시도지사협의회는 헌법 제1조에서 대한민국은 지방분권국가임을 명시하고, 주민자치권, 자치조직권, 자치입법권, 자주재정권, 제2국무회의 등을 보장하는 내용을 담은 '지방분권 헌법개정안'을 제안했다. 한국지방신문협회의 지방분권개헌토론회와 발맞춰 지역 언론들이 일제히 '헌법에 반드시 지방분권의 내용을 담아야 한다'는 취지의 사설을 싣기도 했다. 대통령의 강력한 권한을 분산시키기 위해서라도, 지역 균형 발전을 위해서라도 지방분권 개헌이 꼭 추진되어야 한다는 것이 이들의 공통된 입장이다.

현행 헌법은 제8장에서 지방자치를 다루고 있지만 관련 조항은 두 개에 불과하다. 특히 문제로 지적되는 제117조는 "지방자치단체는 법령의 범위 안에서 자치에 관한 규정을 제정할 수 있다"라고 되어 있는데, 이는 중앙정부와 국회가 정하는 법령의 범위 내에서만 지방자치단체의 활동이 가능하도록 하는 제약이다. 이런 조항은 지방자치단체가 중앙정부의 하급 집행기관에 머물게 만드는 한계를 지닌다.

따라서 지방자치단체의 자치입법권을 확대해 지역 실정에 맞는 조례를 제정하도록 함으로써 지역이 발전할 수 있게 해야 한다는 주장이 제기되는 것이다. 그 방법으로 연방제 수준의 독자 입법권을 인정해야 한다는 의견, '법령의 범위 안에서'라는 조문을 '법령에 저촉되지 않는 범위 안에서'로 바꿔 조례를 융통성 있게 제정할 수 있도록 하자는 의견 등이 제시되고 있다.

혹자는 지역마다 각기 다른 법이 생기면 혼란이 빚어질 것을 우려한다. 그뿐 아니라 가뜩이나 엉망으로 운영되는 지방의회의 권한을 강화하는 것을 마땅치 않게 생각하는 이들도 있다. 그러나 법령을 만드는 국회의원이 국민의 대표이듯, 지방의회 역시 지역 주민의 대표다. 곧 지역 문제는 지역을 구성하는 주민의 뜻에 따라 결정되어야 하는 것이다. 이는 민주주의의 기본 원리다. 국가가 전 국민의 이익에 대해 결정권을 행사해야 하는 것처럼, 지역 주민과 관련된 지역 문제는 그 지역을 구성하는 주민이 스스로 결정할 수 있어야 한다.

2016년, 서울시 청년수당 사업에 대해 보건복지부가 직권 취소 처분을 내린 것은 엄연히 서울시민의 선택으로 구성된 지방자치단체의 사업에 중앙정부가 개입한, 곧 지방자치권에 대한 대표적인 침해 사례였다. 지방분권 개헌이 이야기되는 것은 이런 일이 다시 벌어지지 않도록 해야 한다는 의미에서다.

재정에 관해서도 마찬가지다. 지방자치권은 지방 재정이 독립되지 않는 이상 무용하다. 현행 헌법에는 지방 재정에 대한 규정이 없기 때문에 중앙정부가 지방 재정에 대한 전권을 갖는 것이나 마찬가지다. 현재 지방자치단체의 운영은 지방세에 의존하는데, 그 지방세의 세목과 세율이 기본적으로 중앙정부에 의해 결정되기 때문에 지역 특성에 알맞은 과세가 어려운 실정이다. 지방세는 한정되어 있기에 많은 지방자치단체가 독립된 재정을 가지고 사업을 꾸리기보다는 국비보조사업을 자기 지역으로 끌어오기 위해 혈안이 되곤 한다. 그 과정에서 지역 간 갈등이 발생하며 지방자치단체의 독립성은 훼손된다.

반대로 국가가 결정한 사업을 지방자치단체가 수행하기 위해 막

대한 재정 소요를 감당해야 하는 문제도 있다. 2016년에 떠들썩했던 누리과정 예산 문제가 대표 사례다. 박근혜 정부는 누리과정을 시작하면서 누리과정에 필요한 지방교육재정교부금을 증액하기로 했지만 제대로 지켜지지 않았고, 오히려 지방재정법시행령을 개정해 지역 교육청이 막대한 지출을 끌어안게 되는 사태가 벌어졌다. 중앙정부의 사업은 중앙정부가, 지방자치단체의 사업은 지방자치단체가 그 비용을 책임져야 하지만, 역으로 중앙정부의 사업 예산을 지방자치단체가 떠안거나, 지방자치단체가 국비 보조로 사업을 가져오기 위해 안간힘을 쓰는 상황이 벌어지는 것이다.

지방분권이라는 말은 좋지만 이 제도가 자칫 지역 토호들의 놀음판을 만드는 게 아니냐는 비판도 있다. 지역 유지들의 힘이 강하게 작용하기 마련인 기초단체에 대한 우려다. 지방자치단체와 지방의회의 권한 강화가 '그들만의 리그'가 되지 않도록 하기 위해 주민투표권, 주민발안권, 주민소환권 등을 헌법에 명시해 주민이 지방 의정을 감시하고 견제할 수 있도록 해야 한다는 제안도 지방분권 개헌과 관련한 핵심 의견 중 하나다. 헌법상 기본권으로 주민자치권을 신설하고, 그 기본권을 실현하기 위한 방안으로 직접민주주의 요소를 강화해 풀뿌리 주민자치를 현실화하자는 아이디어라 할 수 있다.

'헬조선'을 바꾸는 개헌:
재정과 경제

재정

2016년 10월, 이른바 '박근혜-최순실 게이트'가 드러나면서 많은 국민이 분노했다. 특히 민간인인 최순실이 대통령과의 관계를 매개로 인사, 교육, 의료, 문화, 안보, 경제 등 국정 전반에 광범위하게 개입했다는 사실이 알려지면서 특정 집단에 의해 정부가 좌지우지될 수 있는 시스템에 대한 문제 제기도 잇달았다. 국민의 복리 증진을 위해 쓰여야 할 국비가 최순실의 입김에 따라 움직였다는 점에서 '최순실 예산'이라는 신조어까지 등장했다.

사실 국가재정이 정치인이나 관료 등 특정 집단의 이해관계를 위해 쓰였던 것은 어제오늘의 일이 아니다. 국회 예산안 심의 과정에서 지역구 예산이 추가되는 '쪽지 예산' 역시 마찬가지이며, 행정부 내부 갈등도 대다수가 예산 확보를 둘러싼 이전투구에서 발생한다. 특정 집단이 아닌 공공을 위한 예산을 위해 재정의 투명성을 강화해야 한다는 비판이 나올 수밖에 없는 환경이다.

그렇다면 도대체 무엇이 문제일까? '최순실 예산' '쪽지 예산'의 문제는 왜 나타나는 것이고 어떻게 이런 문제를 해결할 수 있는 걸까?

먼저, 현재 국가 예산안 편성 과정을 살펴보자. 기획재정부는 매년 4월 30일까지 각 부처로 예산안 편성지침을 내린다. 정부 각 부처는 이 지침에 따라 6월 30일까지 예산요구서를 제출한다. 기획

재정부는 예산안을 편성한 뒤 국무회의 심의를 거쳐 대통령의 승인 아래 국회에 제출한다. 정부의 예산안 제출 기한은 회계연도로부터 90일 전까지이기 때문에 보통 10월 2일까지 예산안 편성과 제출이 완료된다.

정부가 예산안을 제출하면 국회의 각 상임위원회가 소관 부처의 예산을 심의한다. 상임위원회 심사가 끝나면 예산결산특별위원회(예결위) 차례다. 예결위는 다시 종합적으로 예산을 심의하고, 예결위 심사를 거친 예산은 국회 본회의에서 의결되는데, 이 기한은 회계연도 개시 30일전까지로 정해져 있다.

국회를 거쳐 확정된 예산안에 따라 정부는 분기별로 예산을 배정받아 집행한다. 예산 집행이 끝나면 감사원이 예산 집행에 대해 회계감사를 실시하고, 감사를 마친 결산서가 국회에 제출되면 결산이 확정된다.

이처럼 지금은 국회가 예산안을 확정하면 행정부가 국회의 통제 없이 예산을 집행하고 사후에 감사를 받는 상황이다. 다시 말해 현재는 예산의 법적 성격이 명확하게 규명되어 있지 않아 행정부의 예산 사용에 대한 법적 구속력이 제도화되지 못하고 있는 상황이다. 예산을 지출할 때 행정부 내부의 규범을 따르기 때문에 이에 대한 법적 구속력이 제대로 발휘되지 못하는 것이다. 이 문제를 해결하기 위해 개헌을 통해 예산을 법률로 의결함으로써 법률과 동일한 효력을 가지게 하는 예산법률주의를 채택해야 한다는 주장이 제기된다.

현재 헌법 제59조는 "조세의 종목과 세율을 법률로 정한다"고 되어 있다. 곧 '세금은 법률에 의거한다'는 조세법률주의를 채택하고 있는 것이다. 그러나 예산의 경우에는 그렇지 않다. 법률과 별개의 예산안을 국회가 심의하고 확정하는 것이 지난 수십 년간의 관례였다.

현재 예산서는 예산 항목의 명칭과 금액을 열거하는 통계표 형식이기 때문에 예산을 집행할 때 비목별 집행 기준을 지켰는지가 주된 감사 기준이 된다. 다시 말해 예산 집행의 효과에 대한 판단이 어려운 것이다. 예산법률주의를 도입하면 예산은 지출근거법률과 지출예산으로 이원화돼 정부는 예산을 집행할 때 그 근거법률을 따라야 한다. 곧 지출에 대한 책임성이 높아지고 좀더 효율적으로 예산을 집행할 수 있다. 현재 예산안은 주로 사업명과 예산 규모만 공개하고 있어 사업 목적과 대상, 집행 사항을 파악하기 어렵지만, 예산이 법률이 된다면 예산에 대한 국민의 접근성을 크게 강화할 수 있다.

그러나 예산법률주의의 도입만으로 재정민주주의가 보장되는 것은 아니다. 예산에 대한 국회의 권한을 확대하는 만큼, 국회를 통해 시민이 예산과 관련해 의견을 낼 수 있도록 창구를 만드는 일이 필요하다. 이를테면 예결위 아래에 시민·옴부즈만 기구를 구성해 예산 관련 민원을 통합적으로 처리하고, 국회의 예산 심의에 대해서도 시민이 이의를 제기할 수 있도록 함으로써 투명성을 강화하는 것이다.

경제민주화와 토지공개념

박근혜 정부 이후 유명해진 헌법 조항이 있다. 헌법 제119조 2항, 이른바 '경제민주화' 조항이다. 경제민주화라는 말을 유행시킨 박근혜 정부는 스스로 경제민주화 공약을 파기했지만, '재벌공화국' '갑의 횡포'라는 단어가 유행하는 현실에서 경제민주화 조항의 중요성은 더욱 확대되고 있다.

마찬가지로 중요하게 떠오르고 있는 개념이 있다. '토지공개념'이다. 부동산 불로소득 문제와 주거 불안정 문제가 심각한 상황이기 때문에 토지공개념을 헌법에 적극 도입해 부동산 소유를 적정화하고, 실수요자를 위한 부동산정책을 펼칠 수 있도록 하자는 논의가 주목을 받고 있다.

사실 경제와 관련해 별도의 장을 둔 것은 우리 헌법의 독특한 특징이다. 미국이나 일본, 독일에서는 경제에 관한 독립적인 장을 두고 있지 않다. 한국은 헌법 제정 당시부터 경제 장을 두어 경제에 대한 국가의 역할을 강조했다. 헌법 초안을 기초한 유진오는 "경제에 관한 규정을 헌법에 넣은 것은 경제적·사회적 민주주의의 발전과 국가가 경제적·사회적 기능을 광범위하게 수행한다는 현대적 사상의 결과"라면서 새로운 경제 질서 확립을 중요하게 여겼다는 점을 분명히 했다.

제헌헌법 경제 장의 첫 조항(제84조)은 "대한민국의 경제 질서는 … 사회정의의 실현과 국민경제의 발전을 기본으로 삼는다"라고 되어 있다. 이는 오늘날 "시장의 지배와 경제력의 남용을 방지"하는 경제민주화 조항의 바탕이 되었다. 그러나 제헌헌법은 "사회정의의 실현과 국민경제의 발전"이 앞서 등장하고, "각인의 경제적 자유 보장"이 나중에 나온다. 그러나 현행 헌법 제119조 1항에서는 "개인과 기업의 경제상의 자유"가 먼저 등장하고 2항에서 경제민주화를 언급한다. 이런 변화는 제3공화국 헌법으로 개정되면서 나타난 것인데, 경제성장과 발전을 위해 경제적 자유를 우선에 두고, 경제적 평등은 다음 과제로 삼았던 시대 분위기가 반영된 것이라고 볼 수 있다.

제3공화국 시절로부터 반세기가 흐른 지금은 성장과 발전보다 부의 집중과 양극화 문제의 해결이 중요한 시대적 과제가 되었다. 따라서 경제적 평등을 강조하고 사회경제적 약자를 보호하기 위한 취지가 헌법에 반영되어야 마땅하다. 경제민주화와 토지공개념에 관한 조항을 헌법에서 더욱 확장시키자는 주장은 이런 맥락에서 나오는 이야기다.

이른바 경제민주화 조항으로 잘 알려진 헌법 제119조 2항을 "경제력 남용 방지"에서 "경제력의 집중과 남용을 방지"하는 것으로 수정하고 "규제와 조정을 할 수 있다"라 한 것을 "규제와 조정을 해야 한다"로 바꿈으로써 다양한 경제 주체의 성장과 육성을 강조하고, 이를 위한 국가의 의무를 규정하는 것이 그 방법이 될 수 있다.

또한 제119조에 새로운 조문을 신설해 경제적 약자 보호와 소비자의 권익을 보장하기 위한 국가의 의무를 명시하는 것도 고려할 필요가 있다. 현행 헌법 제124조에 소비자보호운동을 보장한다고 되어 있긴 하지만, 이는 "건전한 소비행위 계도"와 "생산품의 품질 향상 촉구"를 목적으로 하는 조항이다. 따라서 시장경제의 한 축을 담당하는 소비자의 권익을 적극적으로 보장하기 위한 의미가 담긴 조항이 있어야 한다.

그뿐 아니라 국토와 관련한 조항인 헌법 제122조에 '국가가 토지에 관한 투기를 방지해야 한다'는 취지의 문구를 추가해야 한다. 이미 헌법 제120조와 제122조에 국토의 효율적이고 균형 있는 이용과 개발 의무가 명시되어 있다. 곧 토지를 생산적으로 활용해 공공복리를 증진시키는 것과 상관없는 투기를 적극적으로 제재하는 것 역시 국가의 의무다. 아울러 국민의 환경권과 주거권을 규정한 헌법 제35조 3항에 '주거공공성'을 명시해 토지와 건물이 무엇보다 공공을 위한 것이 되어야 한다는 점을 천명하는 것도 토지공개념을 헌법으로 적극 구현하는 방법이 될 것이다.

시민들의 신뢰를 회복하는 사법개혁:
법원과 검찰

사법개혁 논의는 기본적으로 한국 사회에서 사법부가 가지는 낮은 신뢰도에서 출발한다. 2017년 한국형사정책연구원의 조사에 따르면 "각 형사사법기관을 신뢰하느냐"는 질문에 법원은 42.4퍼센트의 응답자가, 검찰은 과반이 넘는 58.7퍼센트의 응답자가 신뢰하지 않는다고 답했다. 특히 "법조 비리가 개인의 문제인가, 조직 차원의 문제인가"라는 질문에는 일반 국민 응답자의 83.1퍼센트가, 전문가 그룹은 93.8퍼센트가 "조직 차원의 문제"라고 답해 사법부 구조에 대한 문제의식이 심각하다는 것을 보여주었다.

실제로 얼마 전 삼성전자 이재용 부회장에 대해 집행유예 판결이 내려지면서 사법부의 재벌 봐주기 행태가 도마에 오르기도 했다. 돈 있는 사람들은 법망을 빠져나가기 일쑤니 '유전무죄 무전유죄'라는 불만이 사라지지 않고 있다. 그뿐 아니라 이른바 '판사 블랙리스트'가 존재했다는 보도가 나오면서 법원의 독립성에 대한 불신이 더해지기도 했다. 특정 사건을 맡은 판사의 신상정보를 청와대가 법원행정처에 요구했다는 사실이 알려지면서 과연 삼권분립의 원칙이 지켜지고 있느냐는 비판이 쏟아졌다.

이처럼 사법부 불신이 심각한 상황에서 헌법 개정 논의에서도 사법개혁이 중요한 과제로 떠올랐다. 무엇보다 대법원장에게 과도하게 집중되어 있는 인사권을 축소해야 한다는 주장이 사법부 내

외에서 많은 공감을 얻고 있다. 현재 대법원장은 '사법부의 제왕'이라는 별명이 붙을 정도로 강력한 인사권을 쥐고 있다. 일반 법관 인사권은 물론, 대법관 후보를 제청하는 데서도 큰 권한을 가지고 있는 것이다. 현행 헌법에서는 대법원장의 임명 권한이 대통령에게 있어 실질적으로 법원 인사에 청와대의 의중이 강하게 작용할 수밖에 없다는 분석도 있다.

헌법재판소의 헌법재판관 역시 현행 헌법에서는 대통령이 9명을 임명하도록 하고 있다. 재판관 9명 중 3명을 대법원장이 지명하고, 국회에서는 관례적으로 여당, 야당 그리고 여야 합의 형식으로 총 3명을 추천한다. 실질적으로 헌법재판관 9명 가운데 대법원장과 여당 몫까지 7명에 대통령이 영향력을 행사할 수 있는 셈이다. 따라서 인사권 측면에서 대통령에게 너무 많은 권한이 집중되어 있으며, 또한 선출되지 않은 권력인 대법원장이 사법 전반에 끼치는 영향력이 너무 막강하다는 지적이 나오는 것이다.

이처럼 막강한 대법원장의 인사권을 축소하기 위해 여러 대안이 제시되고 있다. 먼저 사법부의 독립성을 강화하기 위해 대법원장을 대통령이 임명하던 기존 방식을 변경해 대법관 중에서 호선으로 대법원장을 뽑자는 안이 존재한다. 그뿐 아니라 제2공화국의 법관추천회의와 유사하게 인사추천위원회를 상설화해 대법관, 헌법재판관, 감사원장 같은 헌법기관의 주요 공직에 대해 위원회가 후보를 추천하도록 하자는 의견도 있다. 현재 대법원장이 독점하고 있는 법관 인사권을 분산해서 각급 법원장은 일반 법관들로 구성된 법관회의에서 선출해야 한다는 의견도 힘을 얻고 있다.

사법개혁의 또다른 쟁점은 국민참여재판제도를 실질화하자는 것이다. 한국은 2008년부터 국민참여재판제도를 실시하고 있다. 국민참여재판은 배심원제도의 일종으로 추첨을 통해 선정된 시민 배심원이 재판에 참여한다. 미국의 배심원제도와 다른 점은 유무죄 결정을 배심원들이 직접 하지 않고 판사에게 판결을 '권고'할 권한만 가진다는 것이다.

사실 사법 영역에 민주적 정당성을 더하기 위해 국민참여재판제도를 확대해야 한다는 주장은 제도 도입 초기부터 계속되었다. 국민참여재판은 시민이 사법 영역에 직접 참여함으로써 사법에 대한 신뢰를 회복하는 계기가 될 수 있다. 이는 심각한 사법 비리라 지탄받는 고위 법관 출신 변호사들의 '전관예우' 문제에 대한 간단한 해결책이기도 하다.

국민참여재판제도에서 배심원들의 역할이 '권고'에만 그치는 것은 현행 헌법 제27조 때문이다. 헌법 제27조 1항은 "모든 국민은 헌법과 법률이 정한 법관에 의하여 법률에 의한 재판을 받을 권리를 가진다"라고 되어 있다. 이 헌법 조항에 따라 재판은 "법관에 의한" 것이어야 하므로 배심원의 역할을 '권고' 이상으로 확장하기 어렵다.

미국처럼 본격적인 배심원제도가 당장 시행될 수는 없을지라도 훗날 사회적 합의를 통해 한국에도 배심제나 참심제가 도입될 가능성이 있으니 온전하게 배심제나 참심제를 시행할 수 없도록 규정한 헌법 제27조의 "법관에 의한 재판"이라는 문구를 "법원에 의한 재판"이라는 문구로 개정해야 한다는 의견도 많다.

법원보다 국민의 불신이 더 높은 검찰에 대해서는 강도 높은 개혁을 요구하는 목소리가 크다. 특히 법무부장관의 제청에 따라 대통령이 임명하도록 되어 있는 검찰총장 인사 방식을 바꿔야 검찰이 정치적 중립을 지킬 수 있다는 여론이 강하다. 곧 국회 동의를 얻어 검찰총장을 임명하거나, 아예 검찰총장을 국회에서 선출해 대통령이 임명하도록 하자는 의견이 힘을 얻고 있다. 검찰은 국민의 기본권을 구속할 수 있는 막강한 권한을 쥐고 있기 때문에 행정부만이 아니라 국회에서 인준 절차를 거쳐야 그 민주적 정당성이 입증된다는 논리다.

개헌의 중요한 화두로 지방분권이 떠오르면서 고등검찰청과 지방검찰청 검사장에 대한 주민 직선제를 실시하자는 주장도 있다. 검찰의 피라미드식 권력구조를 바꾸기 위해 주민이 직접 검찰을 감시하고 참여할 수 있는 제도가 마련되어야 한다는 것이다. 주민의 직접선거로 지역 검사를 선출하는 미국 사례가 여기에 해당한다. 그러나 검사장 직선제가 지역 토호 세력과 검찰이 결탁하는 결과로 이어질 수 있다는 우려도 적지 않다. 마찬가지로 선거를 매개로 검찰의 정치화가 더 강하게 일어날 것이라는 반론도 존재한다.

사실 현행 헌법에는 검찰제도에 대한 별다른 조항이 존재하지 않는다. 검사의 영장청구권을 명시한 것과 검찰총장 임명은 국무회의에서 심의해야 한다는 내용 정도만 규정되어 있다. 그렇기에 검찰 개혁을 개헌과 연동해 헌법에 규정하는 것은 시기상조라는 의견도 많다. 중요한 것은 검찰에 대한 시민의 불신을 해소하기 위한 방안을 검찰 스스로 제시하고 변하려는 모습을 보여주어야 한다는 것이다. 헌법에 검찰 인사권을 규정하거나 검찰권을 통제하기 위한 새로운 조항을 넣자는 주장이 나오는 것은 그만큼 검찰이 자율적 개혁을 통해 국민의 신뢰를 얻고자 노력하지 않았기 때문이다.

이번 개헌은 법원과 검찰이 스스로 민주적 기구로 거듭나기 위한 자성의 계기가 되어야 한다. 권위주의적 사법부가 아니라 시민의 참여를 확대하기 위해 노력하는 개방적 사법부로 거듭나기 위한 방안들이 이번 기회에 충분히 토론되어야 할 것이다.

성평등한 세상을 만드는 헌법: 여성헌법

한국 최초의 여성 국회의원은 중앙대학교 설립자로도 유명한 임영신이다. 이승만이 임명한 상공부장관이었던 임영신은 1949년 1월 13일 열린 제헌국회 재보궐선거에서 미군정기 수도경찰청장이던 장택상을 겪고 여성 최초의 국회의원이 되었다.

임영신은 당시 대한여자국민당 소속이었는데, 비록 이승만 개인을 지지하는 우익 정당의 성격이 강했다는 한계가 있긴 했지만 "남자만으로 이뤄질 수 없는 민주사회 건설"이라는 슬로건을 내걸고 제헌국회에 여성 후보자들을 출마시키기도 했던 대한민국 최초의 여성 정당이었다.

대한민국의 첫 국회의원선거인 제헌국회 선거에는 총 20명의 여성 후보자가 입후보해 중혼 반대, 여성의 재산권과 상속권 보장, 남녀평등, 여성 지위의 법률화 같은 정책을 제시했다. 그러나 당시 여성 92퍼센트 이상이 문맹이어서 투표권을 행사하기 어려웠고, 일부 남성 후보자들이 여성 후보자들의 선거운동을 방해하는 공작을 벌였기 때문에 당선자를 내지는 못했다. 결국 이듬해 재보궐선거에서 임영신이 당선되면서 최초의 여성 국회의원이 등장할 수 있었다.

그런데 최초의 여성 국회의원이 1949년에야 탄생했다는 것은 1948년 제헌헌법을 만들 당시, 여성들은 단 한 사람도 참여하지 못했다는 의미이기도 하다. 제헌헌법은 순전히 '남성들이 만든 헌법'이었던 것이다.

헌법은 '모든 사람에게 보편적 인권이 있다'는 근대 인권관에 기초해 국민의 자유와 기본권 실현을 보장하는 국가의 기본법이다. 그러나 서구는 물론이고 한국에서도 헌법이 처음 제정될 때 여성의 참정권은 아예 없거나 매우 제한적이었다. '모든 사람'에게 보편적인 인권이 있다고 했을 때 그 '모든 사람'에서 여성은 배제된 존재였던 것이다.

우리는 흔히 법은 모든 사람에게 공정하고 중립적이라고 생각한다. 그러나 유권자, 입법의원, 검사, 판사, 변호사 같은 역할에 여성의 참여가 제한되어 있던 상황에서 등장한 것이 바로 법이었다. 역사적으로 법 자체가 남성 중심적 성격을 띨 수밖에 없는 것이다. 법이 남성 중심적이고 가부장적 가치관을 반영하고 있다는 것을 잘 보여주었던 사례가 불과 십수 년 전까지 유지되었던 호주제와 동성동본 금혼제도다.

잘 알려져 있듯 호주제는 민법상 호주를 중심으로 가족관계를 등록하는 제도로, 남계 혈통을 중심으로만 가족을 구성하는 악습이었다. 동성동본 금혼제도 역시 남계 혈통을 중심으로 성과 본관이 같을 경우 혼인을 금지하는 제도였다.

제헌헌법 제정 당시부터 성별에 따른 차별 금지가 명문화되고, 혼인에 관해서는 남녀 동권의 원칙이 있었지만 그것은 선언적 의미에 불과했다. 대한민국 최초의 여성 변호사인 이태영을 비롯해 여성운동가들은 1950년대부터 지속적으로 호주제와 동성동본 금혼제도 폐지 운동에 나섰지만, 남성이 대부분인 국회의 비협조로 번번이 가로막힐 수밖에 없었다.

그렇다면 현행 헌법 제정 과정에는 여성들이 참여했을까? 87년 헌법은 여당인 민정당과 제1야당인 통일민주당의 협상과 합의를 통해 만들어졌다. 그 합의를 이끈 이른바 '8인 정치회담'의 멤버 가운데 여성은 한 명도 없었다. 여야 합의를 기초로 개헌안을 작성했던 '개헌안 기초 10인 소위원회' 구성원 중에도 여성은 없었다. 애초 헌법 개정을 이끈 12대 국회의 국회의원 270여 명 중에서 여성 의원은 단 7명에 불과했다. 현행 헌법으로 개정하는 과정에서도 여성의 참여는 극도로 제한되어 있었던 것이다.

또다시 개헌이 논의되고 있는 지금, 20대 국회의 여성 의원 수는 48명으로 전체 의원의 17퍼센트가량이다. 2017년에 활동했던 헌법개정특별위원회 소속 위원 36명 가운데 여성 의원은 5명에 불과했다. 2018년 현재 국회 헌법개정및정치개혁특별위원회 구성원 25명 중 여성 의원은 겨우 4명이다.

제헌국회에 비하면 그나마 발전했다고 말할 수 있겠지만, 70년이라는 세월을 생각한다면 여성 국회의원 수는 턱없이 부족하다. 남성이 중심이 되어 남성의 관점에서 만들어진 헌법이 성평등하고 성인지적인 헌법이 될 수 있을까?

성평등한 헌법을 만드는 것이야말로 무엇보다 민주적 헌법을 만드는 기초다. 시민의 절반을 배제하고 만들어진 헌법이 민주주의를 말할 수는 없는 노릇이다. 따라서 이번 개헌 과정에서는 70여 년간 여성의 참여가 배제된, 여성의 권리를 제대로 호명하지 않았던 역사를 반성하고 성평등한 헌법으로 나아가기 위한 노력이 반드시 뒤따라야 한다. 그동안 정치에서 배제되었던 여성의 존재를 헌법에서 분명히 드러내고, 헌법 조문 하나하나가 성평등에 어떤 영향을 미칠지 세심하게 검토해야 한다. 여성들이 자신의 피해를 밝히면서 "나도 말할 수 있다"고 적극 선언하는 '미투운동'이 연대와 지지 속에서 세계적으로 확산되고 있는 이 시점이 성차별 없는 세상을 만들기 위한 성평등 헌법을 제정하는 전환점이 되길 기대한다.

평화로운 세상을 만드는 헌법: 평화헌법

일본 헌법은 '평화헌법'이라는 별칭을 가지고 있다. 이는 다른 나라에서 찾아보기 어려운 헌법 제9조 때문이다.

일본 헌법 제9조

① 일본 국민은 정의와 질서를 바탕으로 하는 국제평화를 성실하게 희구하며, 국권의 발동인 전쟁과 무력에 의한 위협 또는 무력행사는 국제분쟁을 해결하는 수단으로서는 영구히 이를 포기한다.

② 제1항의 목적을 달성하기 위하여 육해공군, 그 밖의 전력은 보유하지 아니한다. 국가의 교전권은 인정하지 아니한다.

1946년 11월 3일 공포된 일본 헌법은 당시 일본을 점령 중이던 미군정의 영향 아래 만들어졌다. 제2차 세계대전 전범국이던 일본이 침략 전쟁을 반복할 수 있다는 우려 속에서 미군정의 의지에 따라 일본 헌법은 전쟁과 군대 포기를 명시한 조항을 넣는다. 당시 미군정 총사령관은 인천상륙작전으로 유명한 더글러스 맥아더였다. 그래서 일본 헌법의 또다른 별칭은 '맥아더 헌법'이기도 하다.

전쟁과 군대를 포기한 새로운 헌법에 반발하는 사람들도 있었지만, 전쟁에 지친 일본 국민 대다수가 이 '평화헌법'을 지지했다. 그 뒤로 70여 년이 지난 오늘까지 일본이 공식적으로 '군대'가 아닌 '자위대'를 운용하는 것은 바로 이 평화헌법의 존재 때문이다.

그러나 우익 세력을 중심으로 개헌을 통한 일본의 '정상국가화'를 주장하는 움직임이 많아졌다. 군사력을 포기한 국가가 어떻게 제대로 된 주권국가일 수 있느냐는 것이 개헌을 주장하는 이들의 논리다. 특히 2012년 아베 신조 총리의 재집권 이후 일본의 개헌 움직임은 더욱 거세지고 있다. 아베 정권은 집권 기간 동안 개헌을 이루겠다는 강한 의지로 헌법 개정 요건을 완화했고, 2015년에는 이른바 '해석 개헌'을 통해 집단적 자위권 행사가 가능하다고 주장하는 등 개헌을 위한 행보에 힘을 싣고 있다.

이런 아베 정권의 움직임에 침략 전쟁의 피해자였던 아시아 여러 국가는 강한 우려를 표하고 있다. 한국 역시 과거사 문제와 독도를 둘러싼 분쟁의 연장선상에서 일본의 개헌을 반대한다. 일본인들

사이에서도 개헌에 대한 우려가 적지 않다. 최근 몇 년간 헌법기념일마다 아베의 개헌 움직임을 막아내고 평화헌법을 지켜야 한다는 생각을 가진 일본 시민이 대규모 거리집회에 나서기도 했다. 일본에서는 평화헌법을 지키기 위해 헌법 제9조에 노벨평화상을 수여하자는 서명운동이 벌어졌고, 한국에서도 각계 원로들이 이에 동참해 일본의 평화헌법을 지켜야 한다는 의견을 냈다.

그런데 한국을 비롯한 동아시아 국가들이 평화헌법을 추켜세우고 개헌을 주도하는 일본의 우익 세력을 규탄하는 것만으로는 일본의 개헌을 막기 어려울 것이다. 헌법 개정을 주도하는 일본 우익의 논리는 현재 일본이 주권국가로서 교전권과 군대를 포기한 반쪽짜리 국가에 불과하며, 헌법 제9조는 전후 미국의 강요로 넣을 수밖에 없었다는 것이다. 굳이 극우파가 아니어도 일본이 '정상국가'가 아니라는 강변은 평범한 일본인들을 설득하기에 충분한 논리다. "너희는 전쟁 책임이 있으니 전쟁을 영원히 포기해야 한다"라는 주장이 전후 70년이 지난 지금의 일본인에게 얼마나 설득력을 가질 수 있을까?

일본의 개헌을 막는 것은 일단 차치해두고 아시아의 진짜 평화를 위해 한국이 먼저 평화헌법을 제정하는 것은 어떨까? 한국도 일본처럼 전쟁을 포기하고 자기 방어의 목적으로만 군을 재편하자는 것이다. 사실 우리 헌법 제5조에서도 "침략적 전쟁을 부인"하며, "국군은 국가의 안전보장과 국토방위의 신성한 의무를 수행함을 그 사명으로 하며"라고 명시하고 있다. 우리 군이 침략이 아닌 방위의 목적만으로 존재한다는 뜻이다.

그러나 "안전보장과 국토방위"에 대한 해석이 갈린다. 현재 유엔 헌장에서는 무력 행사의 권리를 크게 개별적자위권Right of Individual Self-defense과 집단적자위권Right of Collective Self-defense으로 나누고 있다. 개별적자위권이란 국가가 자기 나라를 방위하기 위해 무력을 행사하는 것을 뜻한다. 적국이 영토를 침범하는 경우에 한해 이를 막기 위해 군대를 동원할 수 있다는 것이다. 일본의 자위대가 개별적자위권에 기초한 '자기방위'를 위한 집단이다.

집단적자위권이란 자국이 공격받지 않더라도 자국과 밀접한 관계에 있는 국가가 공격을 받을 경우 공동으로 무력을 행사할 수 있도록 한 것이다. 일본은 평화헌법에 의거해 집단적자위권을 행사하지 않는다. 따라서 다국적군이나 유엔평화유지군의 파병 요청을 받는다 하더라도 전투 병력을 보내지 못했다. 그러나 2015년에 이르러 아베 정권의 주도로 안보관계 법안이 개정되면서 그동안 금기시되었던 집단적자위권 행사가 거론되고 있다.

우리 헌법도 평화헌법으로 개정하자는 주장은 일본처럼 집단적자위권 행사를 제약하는 방향으로 헌법을 개정하자는 의미다. 물론 한미상호방위조약처럼 집단적자위권을 전제로 하는 안보협력 관계가 존재하기에 현실적으로는 어려운 일인지 모른다. 그러나 장기적 관점에서 보자면 대한민국은 평화국가로 전환하는 일에 적극적이어야 한다. 군사적 긴장이 점점 격화되는 동북아시아 정세 속에서 스스로를 평화국가로 규정함으로써 협력과 소통을 중심으로 국가 간 관계를 중재한다는 새로운 프레임을 제시하자는 것이다.

평화헌법으로 개정하는 일은 평화라는 이념과 가치의 추구를 넘어서는 일이다. 다시 말해 현재의 군대를 방위대로 재편하는 실질적 변화로 이어져야 한다. 한국은 민주화 이후 상당히 성공적으로 군에 대한 문민통제를 유지하는 나라지만, 군은 여전히 정치 개입이나 인권침해, 과도한 비밀주의와 폐쇄성 문제들을 해결하지 못하고 있다. 특히 분단과 휴전이라는 특수성을 명분으로 국방부의 고위직을 군 출신이 독점하는 '무늬만 문민통제'가 이런 문제를 더욱 악화시키고 있다. 개혁의 대상인 군인들이 국방 개혁을 운운하면서 실질적 개선이 이뤄지지 못하는 상황이 수십 년째 반복되는 것은 이런 이유에서다.

물론 평화헌법으로 개정하는 일은 그리 쉬운 이야기가 아니다. '정상국가'를 외치는 일본 우익처럼 국가의 주권을 제약하는 것에 반대하는 이들이 많기 때문이다. 하지만 무력 행사와 전쟁이 '정상국가'임을 보증하는 시대는 이미 지났다. 특히 한국은 북한과 대화와 협상을 통해 한반도 평화의 시대를 열어가는 것이 가장 큰 과제인 나라다. 평화헌법을 선언하는 것은 북한과의 긴장과 갈등을 해소하고 통일의 조건을 만들어가는 경로가 될 수 있다. 무엇보다 평화헌법이 일본에게만 강요된 규칙이 아니며, 평화를 지향하는 모든 국가가 따라가야 할 본보기라는 것을 한국부터 인정하고 추진해나간다면 '세계 평화'라는 이상에 조금은 더 가까워질 것이다.

일하는 사람들을 위한 헌법: 노동헌법

헌법 제32조 1항에 따르면, "모든 국민은 근로의 권리"를 가진다. 이어지는 2항에 따르면, "모든 국민은 근로의 의무"를 진다. 곧 노동은 권리이자 의무로서 모든 국민에게 예외 없이 요청되는 것이다. 시민은 노동의 의무를 지는 만큼 노동을 보장받아야 할 권리가 있다. 헌법 제32조 3항은 "근로조건의 기준은 인간의 존엄성을 보장"하는 것이어야 한다고 말하고 있으며, 제33조는 이른바 노동3권이라 불리는 노동자의 단결권, 단체교섭권, 단체행동권을 명시해 노동자들이 노동조건을 향상시킬 수 있도록 그 권리를 보장하고 있다.

그러나 이런 보장에서 제외되는 사람들이 있다. 교사와 공무원이다. 헌법 제33조 2항에 따라 공무원은 "법률이 정하는 자에 한하여" 노동3권을 인정하며, 방위산업체 종사자는 제33조 3항에 따라 단체행동권을 법률로 제한받거나 아예 인정받지 못한다. 현재 공무원은 6급 이하만 노동조합 가입이 가능하다. 그중에서도 지휘 감독 업무를 하거나 행정기관에서 일하는 공무원, 군인과 경찰, 소방관 같은 특수직은 노조 가입이 불가능하다. 반쪽짜리 단결권인 셈이다.

그뿐 아니라 단체행동권도 사실상 막혀 있다. 파업을 포함한 쟁의행위를 통해 단체행동이 불가능하기 때문에 노동조건을 향상시키기 위해 협상력을 끌어올릴 방법이 전혀 없다. 소방관의 열악한 처우가 매번 문제로 지적되지만, 정작 당사자들이 노동조합에 가입할 길이 막혀 있는데다 단체행동마저 불가능한 상황이니 처우 개선을 위한 실질적 방도는 없는 것이나 마찬가지다.

애초 공무원의 노동3권을 제약한 것은 이들이 공공의 이익에 봉사해야 한다는 이유에서였다. 단체행동을 허용할 경우 공공복리를 침해할 우려가 있다는 논리다. 그러나 노동조합의 활동을 제약할 수 있도록 한 헌법 규정은 오히려 공무원을 공공의 이익이 아니라 권력의 의도에 따라 움직일 수밖에 없는 존재로 만들어버렸다. 상명하달의 공직사회에서 노동권을 제약당한 채 '영혼 없는 공무원'이 된 이들은 권력의 부당한 지시를 거부할 선택지를 잃어버렸다. '박근혜-최순실 게이트'에서 명백히 드러났듯 정유라와 연관된 승마협회 비리 문제를 조사했던 공무원인 노태강과 진재수는 오히려 "참 나쁜 사람들"이라는 박근혜의 한마디에 좌천되거나 퇴직의 길을 걸었다. 문화체육관광부 일부 공무원들이 최순실의 의사에 따라 움직일 수밖에 없었던 것이다. 공무원들이 노동조합을 통해 불합리한 인사에 문제를 제기하고, 정부의 잘못된 정책에 의견을 개진할 수 있었다면 일어나지 않았을 문제다.

박근혜 정권의 국정교과서에 가장 먼저 문제를 제기한 것은 전국교직원노동조합이었고, 특정 정치세력이 언론을 장악하고 있는 현실을 고발하고 언론 공공성 회복을 외쳤던 이들은 전국언론노동조합이었다. 철도 민영화 논란 속에서 추진된 수서발 KTX 자회사 설립 문제 역시 전국철도노동조합이 그 문제점을 지적하고 나서면서 국민의 관심을 모을 수 있었다. 이처럼 노동조합은 단순히 노동자들의 근로조건을 향상시키는 것만이 아니라 사회의 공공성을 높이기 위한 민주적 의견 집단으로서도 역할을 한다. 특히 관료 조직의 경직성과 폐쇄성을 벗어나 시민과 정책을 두고 소통하고 행정서비스의 변화를 이끄는 조직으로서 공무원들이 조직한 노동조합은 그 중요성이 크다고 할 수 있다. 따라서 현행 헌법처럼 "법률이 정하는 바에 한하여" 노동3권을 인정해서는 안 되는 것이다. 오히려 포괄적으로 공무원들의 노동3권을 인정하되 일부 고위 공직자에 한해서만 이를 제한함으로써 공무원들에게 노동자의 기본 권리를 보장해야 한다.

노동3권을 제대로 보장받지 못하는 사람들은 이들만이 아니다. 한국 사회에서 점점 그 수가 늘고 있는 비정규직 노동자 대부분이 여러 현실적 제약 때문에 노동3권을 인정받지 못하고 있다. 이들은 정규직과 동일한 노동을 해도 비정규직이라는 이유만으로 임금과 노동조건에서 차별 대상이 된다. 이런 부당한 차별을 막기 위해 '동일가치노동 동일임금' 원칙을 헌법에 구현하고, 특히 문제가 되고 있는 간접고용을 원칙적으로 금지해 고용 형태에 따르는 차별을 막아야 한다. 본래 간접고용은 직접고용이 어려운 산업 일부에 한해 유연한 고용이 가능하도록 한 것인데, 지금은 실질적으로 산업 전반에 간접고용이 뿌리 깊은 관행이 되어 저임금과 고용불안 문제를 낳고 있다. 따라서 기업의 고용 형태는 직접고용으로 하되 법률로 정한 일부 산업에 한해서만 예외를 두는 원칙을 헌법으로 분명히 정해두어야 한다. 노동이 의무인 이상 국가 역시 일자리와 노동조건의 안정성을 보장하기 위해 최소한의 원칙을 만들어 봐야 하는 것이다.

또 과거 동원체제 아래에서 '부지런히 일할 것'을 전제로 한 '근로' '근로자'라는 용어를 '노동' '노동자'로 바꿔 헌법에서부터 노동의 가치를 존중하려는 노력을 보여야 한다. 이미 고용노동부, 노동법, 노동3권 같은 용어가 통용되고 있는 상황이니 헌법도 이를 반영하는 것이 마땅하다.

시민이 직접 세상을 바꾼다 : 직접민주주의

1919년, 전국 곳곳에서 만세를 외치던 민중의 목소리는 조선 독립과 민주공화국 수립으로 이어졌다. 1960년, 부정선거에 항의해

거리에 나선 시민은 이승만의 장기 집권을 무너뜨렸다. 1979년, 부산과 마산에서 들끓었던 시민의 분노는 유신정권의 종언을 알렸으며, 1987년 6월의 저항은 제도적 민주화와 87년 헌법을 우리에게 남겼다. 그리고 2016~2017년 겨울, "더이상 너희에게 나라를 맡겨둘 수 없다"면서 촛불을 들고 광장으로 나선 시민은 대통령을 끌어내렸다.

역사의 분기점마다 시민은 대규모 행동을 통해 민주주의의 확대를 요구했다. 촛불 이후의 개헌은 이런 요구를 받아들여 새로운 민주적 제도를 설계해야 할 역사적 책무를 지고 있다.

"주권자의 명령이다"라는 구호가 광장에 널리 퍼졌듯, 이번 개헌의 중요한 과제는 직접민주주의를 헌법에 구현하는 일이다. 시민이 더이상 자신이 뽑은 대표자로부터 배제되거나 소외되는 일이 벌어지지 않도록 정치에 참여할 수 있는 제도를 헌법에 녹여내야 한다. 이와 관련한 제도로는 국민발안제도, 국민투표제도, 국민소환제도가 있다.

국민발안제도는 시민이 직접 법률을 입법하는 제도다. 국회와 정부가 항상 시민의 의견에 귀를 기울이고, 이에 따라 법안을 만든다면 모르겠지만, 그런 일을 기대하기란 어려운 현실이다. 시민의 요구가 정치의 장에서 벽에 부딪히는 일이 적지 않다. 이런 문제를 해결하기 위해 시민이 직접 법안을 만들고 일정 인원 이상의 서명을 받아 법률안을 발의할 수 있게 하는 제도가 바로 국민발안제도다.

국민투표제도는 시민이 직접 만들고 다른 시민의 동의를 얻어 발의한 법률을 의결하기 위한 제도다. 국민투표제도는 지금도 헌법 제72조에 "국가안위에 관한 중요정책을 국민투표에 붙일 수 있다"라고 명시되어 있으며, 헌법을 개정하는 것 역시 제130조 2항에서 국회 의결을 거친 뒤 국민투표에서 확정하도록 되어 있다. 그러나 이때의 국민투표는 대통령에 의해, 국회에 의해 실시되는 국민투표다. 대표자에 의해 이미 정해진 안건에 한하여 이를 시민이 승인할지 말지 결정하는 투표인 것이다. 여기서 말하는 국민투표제도는 직접민주주의를 강화하려는 목적으로 국민발안제도에서 제안된 법률을 시민이 받아들일지 말지 결정하는 상향식 의사결정 방식이다.

국민발안제도와 국민투표제도는 반대로 정부나 국회가 정한 정책과 법안을 거부하려는 목적으로 활용될 수 있다. 국회에서 통과된 법안을 시민이 반대할 경우, 시민은 다른 시민들의 서명을 받아 법안을 국민투표에 부치는 과정을 거칠 수도 있다. 이처럼 시민의 손으로 뽑은 대표자들을 시민이 견제하고, 잘못된 결정은 거부할 수 있는 것이 직접민주주의의 정신이다.

대표자들을 견제하기 위한 또다른 방법은 **국민소환제도**다. 대표자들이 시민의 의사에 따라 권력을 행사하지 않는다면, 시민은 임기를 마무리하기 전이라도 대표자를 해임할 수 있어야 한다. 국민발안제도와 마찬가지로 일정 인원 이상의 서명 요건을 충족한다면 국민투표를 통해 대표자를 파면할 수 있는 제도다.

국민발안제도, 국민투표제도, 국민소환제도의 도입은 민주공화국의 주권자는 어디까지나 시민이라는 것을 분명히 하고, 대표자들이 마음대로 권력을 휘두르지 못하도록 견제할 수 있다는 점에서 큰 의의가 있다. 그러나 사회 갈등이 극심한 상황에서 국민투표가 남발된다면 정치적 불안정이 가속화되고 정부의 기능이 마비될 수 있다는 단점도 있다. 이런 상황을 막기 위해 직접민주주의 제도를 어떻게 운영할 것인지 깊이 있는 논의가 필요하다.

국민발안제도나 국민소환제도에 필요한 서명 요건을 엄격히 적용한다면 실질적으로 제도가 기능하기 어려울 것이다. 그렇다고 기준을 낮추면 제도가 남발될 수 있다. 명확한 해답을 제시하긴 어렵지만, 국회에 발의된 국회의원 국민소환법 기준이 좋은 참고가 될 것이다. 최근 박주민 의원이 발의한 국민소환제도는 지역 주민이 지역구 국회의원을 소환하기 위한 청구 서명 요건을 '해당 지역 투표권자×직전 총선 투표율×0.15'로 규정했다. 지난 선거에서 투표한 전체 유권자의 15퍼센트 정도면 소환 청구 요건을 충족시킨다고 본 셈이다. 지난 20대 총선에서 최고 득표율로 당선된 후보는 77.7퍼센트를 얻었고, 최저 득표율로 당선된 후보는 34.2퍼센트를 득표했다. 15퍼센트라면 최저 득표의 절반 또는 적어도 최고 득표의 5분의 1을 차지하는 셈이니, 서명 요건으로 참고할 만한 수치라 할 수 있다.

또한 국민투표가 너무 자주 진행되면 정치적 안정성을 해치고 시민의 관심을 떨어뜨릴 수 있는데, 이를 방지하기 위해 국민투표가 진행되는 날을 미리 정해놓는 방안도 있다. 곧 기존 선거일과 최대한 연동하면서 일 년에 한 차례 정도만 가능하도록 규정하는 것이다.

이와 같은 직접민주주의제도의 도입은 시민이 정치에 참여할 수 있는 길을 넓혀준다는 점에서는 긍정적이지만, 예견되는 문제도 존재한다. 이를테면, 다수 시민의 의사라는 명목으로 소수 시민의 권리를 억압하는 경우가 발생할 수 있다. 또 동원할 수 있는 정치적 자원이 많은 부유층이나 대기업의 영향으로 특정 집단에 노골적으로 유리한 법안이 국민투표에 부쳐질 수도 있다. 실제로 직접민주주의제도를 도입한 미국 캘리포니아 주에서는 돈을 받고 주민발안 과정을 대행해주는 전문업체가 등장하기도 했고, 부자들의 이득을 위한 세금 감면이 주민투표로 결정되기도 했다.

국민발안제도가 소수에 대한 다수의 핍박이 되지 않도록, 헌법에 규정된 시민의 기본권을 제약하지 않는 범위에서 어떻게 활용하는 것이 좋을지 고민이 필요하다. 또한 충분한 토론과 합의 과정을 만들기 위해 국민투표까지 가기 전에 새로운 법안에 대해 숙의할 수 있는 장치를 만드는 것도 좋은 방안이 될 수 있다. 무엇보다 직접민주주의제도가 정치 불신을 키우는 것이 아니라, 대표자들의 정치만으로 달성되지 않는 민주주의의 목표를 시민의 참여와 견제 원리를 통해 풀어나가는 긍정적인 제도로 기능할 수 있도록 사회 전반에 대한 홍보가 있어야 한다.

이를 위해 먼저 민주주의가 무엇이며 정치는 어떠해야 하는지에 대한 진지한 고민이 선행되어야 할 것이다. 의무교육 과정에서 시민에 관한 교육이 부재한 현재 상황을 바꾸는 것은 굳이 개헌과 연결 짓지 않더라도 우리가 풀어야 할 시급한 과제다. 반복해서 강조하지만, 일상 영역에서부터 시민이 민주적으로 토론하고 특정 문제에 관해 협의하고 결정할 수 있는 통로를 만들어야 한다. 일상 영역이야말로 민주주의 원리가 제대로 작동해야 할 가장 첨예한 정치 영역이기 때문이다.

공화국의 주인은 시민이다. 그러나 훌륭한 주인이 되려면 고민과 배움이 필요하다. 헌법은 시민이 주인으로서 제 역할을 다할 수 있도록 돕는 교과서이자 지침이 되어야 한다. 그런 만큼 헌법 개정에 대한 관심과 참여는 아무리 강조해도 지나치지 않다.

정부나 국회에서 마련한 헌법 개정안이 확정되고, 국민투표를 거치게 될 날이 언제인지는 분명치 않다. 중요한 것은 대표자들이 만든 헌법 개정안에 단지 '찬성' '반대'를 표시하는 것만이 시민이 가진 권리의 전부가 아니라는 것이다. 정부나 국회는 헌법 개정 과정에서 시민의 목소리를 담기 위해 노력해야 할 의무가 있다. 실제로 제한적이긴 하지만 이를 위한 창구는 마련되어 있다.

우리는 공화국 주인답게 행동해야 한다. 헌법이 어떻게 바뀌어야 하는지 함께 고민하고, 토론하고, 참여하자. 30년 만의 헌법 개정이 또다시 '그들만의 리그'로 전락하지 않도록 많은 시민이 관심을 갖기 바란다.

2부

선거제도 개혁에 관한

모든 것

살면서 선거제도라는 것에 관심을 가져야 할 이유는 그리 많지 않다. 아니 거의 없다고 봐도 무방할 것이다. 몇 년마다 한 번씩 돌아오는 선거에서 후보의 공약을 나름대로 읽어보고 꼬박꼬박 투표에 참여하는 것만으로도 민주시민이라는 자부심을 얻기에 충분하다. 이것부터가 꽤 귀찮고 어려운 미션이기 때문이다.

선거는 '투표'라는 행위를 통해 '당선'이라는 결과를 만들어내는 과정이다. 함수에 어떤 숫자를 대입하면 값이 도출되는 것과 비슷한 이치다. 이때 함수라는 룰이 달라지면 같은 숫자를 대입하더라도 다른 결과 값이 나올 수밖에 없다. 선거 또한 마찬가지다. 선거제도라는 룰이 달라지면 같은 투표 행위를 하더라도 다른 결과가 나온다.

학급반장을 무조건 선거로 뽑던 시절이 있었다. 자연스럽게 딱 한 명만 당선되는 다수결 원칙이 모든 선거의 기본 룰처럼 인식되었다. 회식 장소를 정하거나 모임의 귀찮은 역할을 떠맡길 사람을 정할 때도 그렇다. 일정 시간 아웅다웅 갑론을박을 펼치다가 결판이 나지 않으면 '민주적으로 다수결!'이라는 교통정리가 상황을 마무리 짓는다.

다수결은 민주적인 제도일까? 사회의 많은 제도가 그렇듯, 선거제도 또한 매우 임의적이며 상대적이다. '더 좋다'거나 '더 나쁘다'는 식의 평가는 가능하지만, '완전히 옳다'거나 '아예 글렀다'는 식의 흑백논리 잣대를 들이댈 수는 없다. 따라서 다수결이 민주적인 제도인지 아닌지 따지는 것보다는 의사결정과 공직자 선출을 위한 제도에 어떤 것들이 있으며 그것들의 장단점은 무엇인지 알아보는 것이 훨씬 생산적인 일일 것이다. 그러나 우리 삶에서 이 생산적인 일이라는 것을 할 기회는 별로 없다. 정치를 전공하거나 본업으로 삼지 않는 이상, 공직자 선출 절차에 대해 자세히 공부할 기회가 매우 드물기 때문이다. 그 결과는 어떨까? 대한민국에서 치러지는 다종다양한 선거에 대해 정확히 설명하는 일조차 매우 어려운 일이 되어버렸다.

2018년 1월 31일 낮, "총선 때 보자"라는 기획된 경고문구가 실시간 검색어 1위로 포털사이트를 점령한 일이 있었다. 암호화폐가 여러 사회 문제를 일으키고 있는데도 정부의 대책 발표가 늦어지자, 그에 이해관계를 갖는 이들이 문재인 정부를 향한 일종의 인터넷 시위를 일으킨 것이다. 그러나 여기에는 치명적인 함정이 있었다. 바로 다가올 선거가 총선(국회의원선거)이 아니라는 점이었다.

문재인 정부를 심판하려면 같은 해 6월 지방선거에서 표를 주지 않으면 될 일이다. 그런데도 군이 '지선 때 보자'가 아니라 '총선 때 보자'라고 한 이유는 뭘까? 다가오는 선거를 정말 총선으로 착각해서였을까? 아니면 지방선거가 이들의 눈에는 총선에 비해 그다지 영향력 있는 수단으로 느껴지지 않았기 때문일까? 진실은 아마도 후자에 가까울 것이다.

지방선거 또한 엄연히 민주주의의 중대사임이 분명하다. 게다가 양식 있는 사람이라면 누구나 지나친 중앙집권화를 우려하는 동시에 지방분권이라는 대의에 공감하는 척이라도 해야 하는 시대다. 이런 사실을 고려해보면, 오히려 동네와 도시의 공직자를 뽑는 선거가 더욱 중요하게 부각되어야 하는 게 아닐까?

현실은 정반대다. 여전히 지선보다는 총선이, 총선보다는 대선이 높은 투표율을 기록하며 국민의 관심을 받는다. 이유야 여러 가지겠지만, 이것이 가져다주는 효과는 분명하다. 현행 대통령제에다 중앙정치를 향한 대중의 관심이 더해질수록 선거제도에 대한 관심은 필연적으로 더욱 낮아질 수밖에 없다. 전국을 단일한 지역구로 삼는 대통령선거가 가장 간결한 룰을 갖고 있어서다. 지방선거는 어떨까? 지방선거를 치러본 국민이라면 누구나 기억할 것이다. 그 수많은 투표용지와 공보물이 주었던 혼란을.

민주주의 사회에서는 '나와 남이 다르다는 것을 인정해야 한다'는 것 외에 그 어떤 명제도 절대적 진리가 될 수 없다. 그래서 선거제도를 세세히 알아야 한다는 훈계 섞인 강요는 가능하지 않다. 그러나 선거제도가 '밥 먹여준다'는 설득과 공감대는 필요하다. 좋은 선거제도가 있어야 좋은 대표자를 뽑을 수 있고, 좋은 대표자를 뽑아야 우리 삶이 더욱 윤택해지니 말이다.

이것은 기본:
선거제도의 개념들

다수결과 다수대표제

다수결과 다수대표제는 서로 다른 개념이다. 가장 많은 표를 얻은 대상을 선택한다는 것은 같지만, 다수결은 '의사결정' 방법 중 하나인데 반해 다수대표제는 **'대표자 선출'** 방법 중 하나다.

> **다수결(多數決, majority decision)** ｜ 회의에서 다수의 의견에 따라 안건의 가부를 결정하는 일.
>
> **다수대표제(多數代表制, majority representation)** ｜ 한 선거구에서 투표의 다수를 획득한 자를 그 선거구의 대표자로 하는 제도.

다수결 원칙은 '법들의 법'인 헌법에도 규정되어 있다. 헌법 제49조에는 "국회는 헌법 또는 법률에 특별한 규정이 없는 한 재적의

원 과반수의 출석과 출석의원 과반수의 찬성으로 의결한다"라고
명시되어 있다. 이 조항은 국회의 기본 의사결정 원칙이 다수결 방
식임을 천명한다.

반면 다수대표제는 헌법 아래 수많은 법률 중 하나인 공직선거
법에 근거를 둔다. 공직선거법 제12장은 어떤 사람이 당선인의 자
격을 갖는지 규정하고 있는데, 대통령, 지역구 국회의원, 지역구 지
방의회의원, 지방자치단체장은 모두 "유효투표의 다수를 얻은 자"
를 당선인으로 정한다(공직선거법 187조, 188조, 190조, 191조). 대통령
결선투표제, 연동형 비례대표제 같은 선거제도 개혁이 헌법 개정이
아닌 법 개정만으로도 가능한 이유가 바로 여기에 있다.

대표란 무엇일까?

다수결과 비슷하게 잘 알고 있다고 여겨 그냥 지나치기 쉬운 개
념 중 하나가 '대표'다. 실제로 대표는 의외로 정치학에서 꽤 논쟁
적인 개념이다. 대표한다는 것은 무엇이며, 대표자는 대체 누구를
대표한다는 것일까?

대한민국 국민 대다수는 **'대표'의 의미를 '유권자의 뜻'**이라고 생
각할 것이다. 이런 관점에서 보면 대표자는 마치 대리인과 같은 사
람이다. 이들은 단지 시민의 권리를 대신 행사하는 것일 뿐이므로
시민과 의견이 유사할수록 좋다. 그러나 그렇지 않을 경우를 대비

해 주기적으로 선거를 치를 뿐 아니라, 국민소환제 같은 제도를 통해 정치인에 대한 시민의 통제를 극대화한다.

또 어떤 국민은 **대표자가 시민의 이익을 대표한다**고 생각한다. 내가 나의 이익에 대해 깊이 생각하지 않거나 그럴 능력이 되지 않더라도, 대표자가 대신 잘 판단해줄 것이라 믿고 그저 맡기는 것이다 (신탁). 이때 대표자는 시민의 말을 잘 듣는 사람이라기보다 탁월한 지식과 교양, 성숙한 판단력과 도덕성을 지닌 '성군'이다. 앞선 대표의 개념에 비해 엘리트주의적이고 전근대적이라는 느낌을 받는다면 맞게 이해한 것이다.

정당이라는 매개를 통해 대표라는 개념을 이해할 수도 있다. 바로 **대표자는 특정 정당에 대한 유권자의 지지를 대변하는 사람**이라는 이해다. 이 관점 아래서 대표자는 시민 개인들의 의견을 직접적으로 대표하지 않는다. 대신 정당의 정책을 실현시킴으로써 그 정당을 지지하는 개인들의 이익을 간접적으로 대표한다. 따라서 대한민국은 헌법을 통해 자유로운 정당 활동을 보호하며 지원하고 있다.

마지막으로 **시민 개인을 총체적으로 대변하는 사람이 대표자**라고 생각할 수도 있다. 노동자 출신 정치인이 노동계급, 여성 정치인이 여성 유권자, 장애인 정치인이 장애인 유권자, 흑인 정치인이 흑인 유권자, 개신교 정치인이 개신교인의 이익을 대변할 것이라 생각하는 것이다. 이 생각에 따르면 의회의 구성은 국민 집단의 구성과 최대한 유사해지는 것이 바람직하다. 의회 내 장애인, 청년, 여성 등 소수자의 비율이 실제 인구 비율과 지나치게 엇나가 있을 때 이를 문제 삼을 수 있다는 뜻이다. 이러한 이유에서 현행법(공직선거법 제47조 3항)은 비례대표 후보의 절반 이상을 여성으로 추천하도록 하고 있다.

위 네 가지 가운데 대표의 개념을 가장 잘 설명하는 것은 무엇일까? 사실 정답은 없다. 다만 앞선 두 번째의 '정치인=성군' 공식은 현대 민주주의 국가에 어울리지 않으며 가능하지도 않다는 것에 많은 사람이 공감할 것이다. 곧 나머지 세 개념들이 적절히 뒤섞이고 어울려 여러 제도를 만들거나 없애고, 강화시키거나 약화시키면서 대의代議민주주의는 기능하고 있다.

무엇을 보고 투표할까?

투표(投票, voting) | 선거를 하거나 가부를 결정할 때 투표용지에 의사를 표시하여 일정한 곳에 내는 일. 또는 그런 표.

사람들이 어떤 동기로 투표를 하는지는 정치학과 사회학에서 중요한 연구 주제다. 그를 통해 정치와 사회의 변화 과정을 추측할 수 있기 때문이다. 만 명의 사람에게 만 가지 투표 이유가 있겠지만,

주요한 동기를 요약하면 다음과 같다.

정당을 보고 투표한다 | 특정 정당을 장기적·고정적으로 지지하는 경우다. 후보자 개인의 능력이나 자질보다는 그가 소속한 정당의 이념과 정책을 중심으로 투표하는 것이다. 아주 딱 맞는 사례는 아니지만 한국에도 '전통적인 민주당 지지자' 혹은 '전통적인 보수정당 지지자' 집단이 존재하는 것을 볼 수 있다.

사회집단에 따라 투표한다 | 개인이 속한 계급, 성별, 종교, 인종, 연령, 직업 등 경제적·사회적 위치가 투표에 주된 요인이 되는 경우다. 때로는 아예 이런 사회집단의 이익을 대변하는 정당이 탄생하기도 한다. '일하는 사람들의 정당'을 표방했던 한국의 민주노동당이 그렇고, '기독교와 민주주의의 조화'를 추구하는 독일의 기독교민주연합이 그렇다. '대한민국 역사상 가장 젊은 정당'을 슬로건으로 삼은 청년정당 우리미래(약칭 미래당)의 사례도 있다.

효용을 판단해 투표한다 | 그때그때 어떤 정치인과 정당이 나에게 가장 큰 이익을 가져다줄 것인지 판단하고 투표하는 경우다. 마치 어떤 상품의 '가성비'가 나에게 가장 좋은지 따지는 소비자의 모습과 유사하다고 할 수 있다. 기존 습관이나 유대감, 동질감에 영향을 받지 않는다는 점에서 앞의 두 경우와 큰 차이가 있다.

이념으로 투표한다 ― 민주당과 보수정당의 전통 지지집단을 들여다보자. 전자는 흔히 '386세대' 혹은 '민주화세대'로, 후자는 '전후세대' 혹은 '반공세대'로 통하곤 한다. 시대 조건에 따른 지배적 이념, 즉 헤게모니가 개인의 투표 성향에 영향을 미친 것이다. 헤게모니가 개인의 투표를 조직한 역사적 사례는 많다. 나치 아래의 독일, 유신체제 아래의 한국, 매카시즘 광풍이 몰아친 미국이 그렇다.

그 밖의 요인 | 뭔가 빠진 것 같은 동기가 있다. 바로 '인물'이다. 인물을 보고 투표하는 한국 사회의 경향은 기존 정치에 대한 실망과 만나 문국현, 안철수 신드롬을 가능케 했다.

개인의 매력이나 특정 인물에 대한 선망이 투표에 영향을 미친다는 점을 부정할 수는 없다. 그러나 정치가 책임 있는 정치세력이 아닌 특정 개인의 영향권 아래 놓일 때 그 결과는 불 보듯 뻔하다. 불세출의 영웅이지 않은 이상 통치행위에는 당연히 실수가 있을 것이고, 선망은 실망으로 둔갑할 것이며, 결국 '그놈이 그놈'이라는 냉소의 언어가 정치를 지배하게 될 것이다.

선거란 무엇일까?

선거(選擧, election) | 조직 구성원이 조직의 규칙으로 인정된 절차에 따라 권위 있는 직책을 수행할 1인 또는 소수의 인사를 선정하는 일.

선거는 민주주의의 요체이며, 국민은 선거를 통해 자신의 의사를 대신할 대표자를 받아들이거나 거부한다. 따라서 선거를 거치지 않은 대표에게 민주적 정당성은 없다. 그러나 선거를 거친 모든 대표에게 민주적 정당성이 있는 것도 아니다. 한국 사회의 독재자들은 모두 형식적·절차적 정당성을 갖춘 대표였으나, 민주적 정당성은 정작 그를 내쫓은 시민들의 것이었다.

2016~2017년의 촛불혁명은 비선실세가 통치행위를 좌지우지하도록 방관했던 '제대로 선출된 대통령' 박근혜 씨가 아니라, 그에 분노해 '그저 촛불을 들었을 뿐인' 광화문의 일반 시민이 훨씬 더 정당하다는 합의가 전 사회적으로, 그리고 제도적으로 이뤄진 사건이었다.

주지하듯 선거에는 네 가지 원칙이 있다.

보통선거의 원칙 │ 결격사유가 없는 한, 성별·계급·인종 등에 상관없이 일정 연령 이상의 전 국민에게 선거권을 부여하는 원칙이다. "민주주의의 역사는 참정권 확대의 역사"라는 말이 이 원칙을 잘 설명하고 있는데, 현대적 의미의 보통선거 원칙이 확립된 것은 20세기 이후의 일이다(〈서프러제트〉는 여성의 참정권 운동을, 〈셀마〉는 흑인의 참정권 운동을 소재로 한 영화다).

평등선거의 원칙 │ 투표권을 가진 국민이라면 누구나 평등하게 한 명당 한 표씩을 행사한다는 원칙이다. 이 원칙은 단순한 물리적 원칙 이상의 의미를 지니는데, 결과적으로 모든 이들의 표가 '같은 값어치'를 가져야 한다는 뜻이다. 완벽한 평등선거를 실시하는 국가는 지구상에 존재하지 않는다. 한 명의 후보를 당선시킨 표의 수가 선거구마다 천차만별이기 때문이다. 심지어 어떤 표는 당선자를 만드는 데 아무런 기여를 하지 못하는 표, 곧 사표死票가 되기도 한다.

비밀선거의 원칙 │ 기표소를 1인용으로 제작하는 이유가 되는 원칙이다. 현대에는 정치적 신념의 노출을 막기 위한 의미로 이해되지만, 과거에는 정치적 탄압 같은 외부조건 때문에 비밀선거 원칙이 절실히 필요한 때가 있었다. 세계의 모든 국가에서 비밀선거가 치러지는 것은 아니다. 일부 국가에서는 아직 거수투표를 진행한다. 한편, 투표자의 책임성을 확보하기 위해 공개 선거를 실시하는 경우도 있다.

직접선거의 원칙 │ 선거권자가 남의 손을 거치지 않고 자신의 선거권을 직접 행사하는 원칙이다. 이에 반대되는 개념은 간접선거인데, 국토가 너무 넓고 한 국가 안에서도 여러 시간대가 존재하는 경우 혹은 특수한 역사적 요인이 있는 경우에는 간접선거를 채택하기도 한다. 미국, 러시아, 캐나다 같은 국가가 대표적이다.

선거의 네 가지 원칙이 선거의 민주성을 보장하는 절대적인 기준은 아니다. 네 가지 원칙을 모두 지키더라도 비민주적인 선거로 평가받을 수 있고, 간접·공개 선거를 치르더라도 때에 따라서는 민주적인 선거가 될 수도 있다.

국가 차원의 선거에서 잠깐 시야를 돌려 민간 영역의 선거를 보자. 대한민국 노동조합의 양대 전국조직 중 하나인 민주노총은 2014년에 지도부 직선제를 도입했다. 이 사실만 보면 민주노총이라는 조직이 이전보다 '민주화'되었다는 느낌을 물씬 받을 것이다.

그러나 이 선거는 대통령선거 다음으로 가장 큰 민간 영역의 전국 단위 선거였다. 유권자만 67만여 명이었고, 투표소는 2만여 곳에 달했다. 따라서 이 선거를 민주적으로 운영하는 데에는 국가 선거에 맞먹는 엄청난 집행력과 예산, 조합원들의 참여 그리고 확고한 기율이 필요했다. 이 가운데 어느 하나라도 무너지면 부정선거가 될 위험이 도사렸다. 이것이 의미하는 바는 명확하다. 직선제를 실시해도 민주주의가 후퇴하는 아이러니한 결과가 얼마든지 발생할 수 있다는 것이다.

꼭 민주노총의 경우만 이야기하는 것이 아니다. 당시 민주노총의 실험은 어떤 조직에게 주어졌더라도 아주 어려운 과제로 평가받을 만한 것이고, 세계적으로도 매우 드문 사례에 속했다. 선거의 형식만이 아니라 내용적 측면까지 살펴야 그 선거가 얼마나 민주적으로 운용되었는지 판가름할 수 있는 것이다.

선거는 공직자를 충원하고 그에게 대표성을 부여하는 것 말고도 여러 기능을 갖고 있다. 먼저 선거는 정부를 구성한다. 한국과 같은 대통령중심제 국가에서는 행정부 수반인 대통령을 선출함으로써 '직접적으로' 정부를 구성하고, 영국과 같이 의원내각제를 채택하는 나라에서는 총리를 배출할 다수당을 만들어내 정부를 구성하는 데 '간접적으로' 개입한다. 이에 더해 선거는 정부 정책이 국민의 요구와 크게 괴리되지 않도록 통제하는 역할을 한다. 선거는 또한 유권자를 교육하는 기능을 수행해 '민주주의의 학교'라 불리기도 한다.

선거의 역기능도 있을까? 물론이다. 이미 언급한 바 있듯, 선거는 때로 집권을 정당화하는 수단으로'만' 이용되기도 한다. 전체주의나 권위주의처럼 야당들과 경쟁을 필요로 하지 않는 체제에서도 굳이 선거를 시행함으로써 시민이 정부를 통제하고 있다는 착각을 주는 것이다. 보통선거권을 부여해 참여를 제도적으로 허용함으로써 기존 체제에 대한 정치적 저항을 흡수하고, 이에 따라 기득권이 강화된다는 피에르 조제프 프루동Pierre Joseph Proudhon의 주장도 성찰해볼 만하다.

대한민국 선거의 종류

대한민국 선거의 종류로는 크게 5년마다 한 번씩 돌아오는 대통령선거(대선), 4년마다 한 번씩 돌아오는 국회의원선거(총선總選이라고도 한다. 원칙적으로 국가 단위에서 유권자 모두가 투표권을 갖는 선거를 일컫

최근 치러진 4대 선거 투표율(괄호 안은 역대 최고 투표율과 연도)

2017년	제19대 대선	77.2% (94.4%, 1956)
2016년	제20대 총선	58.0% (95.5%, 1948)
2014년	제6회 지선	56.8% (68.4%, 1995)
2015년	4·29 재보선	35.9% (43.5%, 2011)

는 말이지만, 한국에서는 일반적으로 국회의원선거를 가리키는 말로 통용된다),
마찬가지로 4년마다 한 번씩 돌아오는 전국동시지방선거(지선), 그
리고 당선 무효나 궐위 같은 사태가 발생했을 때 시행하는 재·보궐
선거(재보선)가 있다. 이 선거들의 참여도가 모두 같은 것은 아니다.
시민의 관심도를 반영하는 투표율은 뒤로 갈수록 낮아지는 경향
이 있다.

광역의회와 기초의회

지방자치단체 차원에서 주요 사안을 심의하고 의결하는 기구를
지방의회라 한다. 지방의회에는 '광역의회'와 '기초의회' 두 종류
가 있는데, 이를 이해하기 위해서는 먼저 대한민국 행정구역을 알
아야 한다.

광역지방자치단체 │ 1개의 특별시, 6개의 광역시, 8개의 도, 1개

의 특별자치시, 1개의 특별자치도를 말한다. 총 17개가 있다.

기초지방자치단체 | 특별시 아래의 자치구, 광역시 아래의 자치구와 군, 도 아래의 자치시와 군을 말한다.

광역의회는 광역지방자치단체의 의회, 그러니까 서울특별시의회, 광주광역시의회, 경상남도의회, 제주특별자치도의회 등을 말한다. 기초의회는 기초지방자치단체의 의회인 구로구의회, 기장군의회, 성남시의회, 화순군의회 등을 말한다.

선거제도의 종류

먼저 당선자를 결정하는 방식에 따라 다수대표제와 비례대표제로 나눌 수 있다.

다수대표제 | 한 선거구에서 다수표를 얻은 사람을 당선자로 결정하는 제도다. 가장 많은 표를 획득한 사람이 당선자가 되면 상대 다수대표제, 절반 이상의 표를 획득한 사람을 당선자로 하면 절대 다수대표제다. 절대 다수대표제 아래서 과반의 표를 얻은 후보자가 없다면, 가장 많은 표를 얻은 두 후보를 대상으로 결선투표제를 시행할 수 있다.

다수대표제의 장점은 다수파의 형성이 용이하다는 것이다. 이에 따라 안정적인 국정운영과 효율적인 의사결정을 도모할 수 있다. 반면 당선자 이외의 후보를 찍은 표는 모두 사표가 된다는 단점이 있다. 의회 구성에 다원적 이해관계를 반영할 수 없고 소수 세력의 의회 진출이 봉쇄된다.

다수대표제의 널리 알려진 단점은 또 있다. 선거구 획정이 선거 결과에 중요한 변수가 되기 때문에 어느 한 쪽에 유리한 자의적 선거구 획정(게리맨더링)의 위험성을 가진다. 때로는 정당 득표율이 높아도 의석수에서 뒤지는 불합리한 결과가 나타나기도 한다.

비례대표제 │ 비례대표제는 정당이라는 '플레이어'를 등장시킨다. 시민은 후보 개인에게 투표하는 것이 아니라 정당에 투표한다. 그리고 정당 득표율에 비례해 의석을 배분한다. 국회 총 의석수가 300석이라고 할 때, 어떤 정당이 10퍼센트 지지율을 얻으면 30석을 주는 식이다. 국회에 진출할 공직자는 정당이 추천한다. 따라서 현대 정당정치에 적합한 제도라고 평가된다.

비례대표제의 가장 큰 장점은 유권자의 의사를 정확히 의석수에 반영할 수 있다는 점이다. 또한 소수당에게도 의석을 배분해 다원적 가치를 의회에 진입시킬 수 있으며, 다수당의 일방적 국정운영을 막을 수 있다. 물론 단점도 있다. 다수당의 출현 가능성이 다수대표제에 비해 낮기 때문에 정국 불안을 초래할 수 있다. 이 단점을 보완하기 위해 봉쇄조항을 두는 경우가 많다. 3퍼센트의 지지율을 넘어야 의석을 배분한다고 규정하는 식이다. 이 기준은 사회적 합의로 결정한다.

선거구 크기에 따라서는 소선거구제, 중선거구제, 대선거구제로 분류할 수 있다.

소선거구제 │ 소선거구제는 하나의 선거구에서 단 1명의 대표자만을 선출하는 제도다. 자연스럽게 많은 득표를 기준으로 하는 다수대표제와 함께 시행된다. 정국의 안정, 보궐선거와 재선거의 용이성 같은 장점을 가진다.

중·대선거구제 │ 중선거구제는 한 선거구에서 2~4명의 대표자를, 대선거구제는 5명 이상의 대표자를 선출한다. 한 선거구에서 많은 대표자를 선출할수록 사표는 줄어들고 소수당의 원내 진입 가능성이 높아진다. 단 후보와 유권자 사이의 유대가 줄어들고 선거비용이 늘어나는 단점이 있다.

기표 방식에 따라 선거제도를 분류할 수도 있다.

범주형 │ 투표지에 기재된 여러 후보(정당) 중 1명(정당)을 선택하는 방식.

순위형 │ 투표지에 기재된 모든 후보(정당)에 순위를 매기는 방식.

대한민국은 현재 어떤 선거제도를 채택하고 있을까? 국회의원선거를 기준으로 보자. 기표 방식은 범주형이며, 선거구로는 소선거구제를, 대표자 결정 방식으로는 다수대표제(지역구의원)와 비례대표제(비례의원)를 혼합해 운영하고 있다. 2018년 현재 20대 국회의 정수는 총 300석으로, 이중 지역구의원 정수는 253석, 비례의원 정수는 47석이다.

지방선거도 국회의원선거와 마찬가지로 범주형, 다수대표제와 비례대표제의 혼합형이지만, 기초의원 선거에서 중선거구제를 채택하고 있다는 데 차이점이 있다. 원칙적으로는 한 선거구에서 2~5인의 후보를 선출할 수 있는 것이다. 대통령선거는 어떨까? 이해를 돕기 위해 군이 설명하자면, 1명을 선택하는 범주형, 1명만 선출하는 소선거구제(전국이 하나의 선거구다), 그리고 상대 다수대표제로 운영 중이다.

대통령 결선투표제 도입 논의는 상대 다수대표제에 대한 문제제기 맥락에서 읽을 수 있다. 역사적 사례를 보면 제13대 대통령 노태우는 단 36.6퍼센트의 지지만으로 대통령에 당선되었다. 이 수준이라면 국민 전체에 대한 대표성도, 국정운영의 지속성도 보장하지 못한다. 그렇기에 최소한 대통령만큼은 과반의 지지를 획득하게 하는 절차를 만드는 것이 적절하지 않느냐는 것이 대통령선거 결선투표제 도입의 배경이다.

어떻게 변해왔을까:
대한민국 선거제도 변천사

1948년,
최초의 보통선거권을 얻다

대한민국 최초의 국회의원선거는 1948년 5월 10일 미군정법령에 따라 진행되었다. 만 21세 이상 시민에게 투표권을 주었으며, 피선거권 연령은 25세였다. 주목할 만한 것은 '성별, 재산, 교육, 종교의 구별이 없이'(미군정법령 175호 제1조) 보통선거를 실시했다는 점이다. 일제강점기에는 고소득 유산층 남성에게만 제한적으로 선거권을 부여했던 것을 감안해보면 엄청나게 진일보한 것이었다. 이는 상당 부분 미국식 민주주의로부터 영향을 받았다고 평가된다.

그러나 한편으로 임시정부가 가졌던 보통선거권의 이상도 한몫을 했다. 1919년 상해에서 수립된 임시정부는 '대한민국임시헌장'을 발표했다. 헌장은 "대한민국의 인민이 남녀 귀천 및 빈부의 계급 없이 모두 평등"하며 "인민으로 공민 자격이 있는 자는 선거권과 피선거권을 가진다"라고 선언한다.

이는 여성을 배제하고 재산, 소득, 납세의 기준을 두었던 일제 치하의 선거법만이 아니라 여성참정권이 보편화되지 않았던 유럽에 비해서도 선진적인 인식이었다. 일거에 획득한 것처럼 보이는 보통선거권은 미국으로부터 우연히 수혜를 입었다기보다 임시정부로부터 내려온 평등주의 사상에도 빚진 부분이 있었던 것이다.

제헌국회 선거법은 선거구마다 국회의원 1명을 선출하는 소선거구제를 채택했다. 이는 확실히 미국의 영향 때문이었다. 미국식 소선거구 다수대표제는 권위주의나 민주주의 체제 할 것 없이 지금까지 모든 정치체제를 관통하는 한국인의 '유일한 제도적 경험'이 되었다. 1등을 당선자로 뽑는 것 외에 다른 방식의 선거를 경험할 기회 자체가 희박해진 것이다.

제헌국회 선거는 한반도 문제를 둘러싼 미국과 소련의 입장 차이를 극복하지 못하고 남한에서만 단독으로 치러졌다. 그마저도 이를 저지하려는 정치세력의 투쟁과 제주 4·3 같은 비극적 사건의 발생으로 전국 동시 선거로 진행되지 못했다. 당시 제주에서만 2만 5000명 이상이 죽었고, 나머지 지역에서도 300명 이상이 목숨을 잃었다. 보통선거는 평화롭게 도입됐지만, 단독선거가 결국 많은 피를 흘리게 한 것이다.

1950년, 이승만의 독재로
선거제도가 왜곡되다

제헌국회가 2년의 임기를 마쳤다. 당시 이승만 초대 대통령은 경찰과 친일 관료집단을 이용해 불안정한 지지기반을 확고히 하려던 중이었다. 이런 이승만의 의도는 선거제도의 왜곡을 가져왔다. 그간 참정권이 제한되어왔던 반민족행위자에게 선거권을 주었다. 이들은 이승만 정부에서 행정부의 요직을 차지하고 있었다.

이전 제헌국회 선거법은 후보자가 자유롭게 선거에 관한 선전을 할 수 있게 했고, 선거운동 과정에 어떤 제약도 없었다. 그러나 제2대 국회 선거법은 최초로 선거운동 제한요건을 도입했다. 선거사무소와 선거연락소의 개수, 선거사무장 인원수, 합동연설회 횟수, 매 세대에 배포하는 선거공보 수까지 구체적으로 규정했다. 선거관리기관에 대한 행정부의 개입도 강화했다. 모두 이승만 정권에 우호적인 국회를 구성하기 위한 조치들이었다.

이승만이 행한 선거법 개악 시도의 정점은 월남 동포를 위한 특별선거구제를 도입하는 것이었다. 당시 월남자들은 청년단체에 가입해 활발하게 활동하며 이승만 정권을 지지하는 기반이 되었다. 선거권을 이중으로 행사하는 문제가 제기되어 특별선거구제 도입은 결국 무산되었지만, 이승만 정권이 권위주의 체제로 이행하는 흐름은 막을 수 없었다.

1952년, 처음으로
대통령 직접선거를 치르다

한국전쟁의 참상 중에 이승만 정부는 실책을 반복했다. 서울을 지키겠다며 국민을 안심시킨 뒤 한강 인도교를 폭파한 것은 말할 것도 없고, 거창민간인학살과 국민방위군사건 같은 치명적인 악행도 저질렀다. 자연스럽게 국민 여론도, 국회와의 관계도 악화되었다.

그런데 제헌헌법은 국회에서 무기명 투표로 대통령을 선출하는 간선제를 채택하고 있었다. 이대로라면 이승만의 재집권 가능성은 희박했다. 이승만은 의회가 대통령을 선출하도록 명시한 헌법을 바꾸기 위해 직선제 개헌안을 제출했다.

그러나 이는 부결되었고, 오히려 3분의 2가 넘는 재적의원이 내각제 개헌안에 서명했다. 결국 무력이 활용되었다. 이승만은 계엄령을 선포하고 군대와 경찰을 동원함으로써 대한민국 최초의 개헌을 성사시켰다. 임시수도 부산의 피난국회에서 일어난 일이었다.

바뀐 헌법은 대통령 직선제를 골자로 하면서 내각제 개헌안의 일부를 섞은 이른바 '발췌개헌'이었다. 이렇게 최초의 대통령 직접선거는 (아이러니하게도) 이승만의 권위주의적 독재 덕분에 시행될 수 있었다. 국회는 양원제가 되어 민의원과 참의원으로 나뉘었다.

1952년은 최초의 지방선거가 시행된 해이기도 했다. 당시 지방선거는 임명직인 지방자치단체장을 제외하고 지방자치단체 의회에만 적용되었다. 전시였고 정치적으로도 어수선한 상황이었기에 일부 지역에서는 선거가 치러지지 못했다. 이승만 독재체제의 영향을 받아 선거 과정에서 차별과 압력 행사가 횡행했다.

1954년,
정당공천제를 도입하다

전쟁이 끝났다. 아니 정확히는 잠시 멈췄다. 직선제 도입으로 재선에 성공한 이승만은 3선을 위한 개헌을 꿈꾸었다. 그러려면 개헌이 가능할 만큼 국회의원을 확보해야 했다. 이승만 입장에서 3대 국회의원선거의 목표는 개헌이 가능할 만큼의 여당 국회의원을 당선시키는 것이었다. 여야는 분단 사태나 남북관계가 아닌 '개헌 저지' 전선만을 사이에 두고 경쟁했다. 그렇게 분단문제의 해결은 요원해져갔다.

이승만은 자유당을 집권당이자 제1당으로 만들려는 다각적인 시도를 이어갔다. 그중 하나가 정당공천제 도입이었다. 최초로 '정당이 공인하는 후보자' 개념이 탄생했다. 이 제도를 이용해 자유당은 개헌안을 지지하기로 서약서를 쓴 후보들만 공천했다.

복잡한 선거운동 기준, 선거운동 비용, 자유당의 단일후보 공천 등이 종합된 결과 국회의원선거 입후보자는 이전 총선에 비해 절반으로 줄어들었다. 이승만 정권의 야당 탄압은 그렇지 않아도 조직력이 탄탄하지 못했던 야당이 많은 후보를 내지 못하도록 만들었고, 결국 이승만은 두 번째 개헌을 성공시켰다. 바로 '사사오입 개헌'이다. 초대 대통령의 종신 집권의 꿈은 그렇게 현실이 되어가고 있었다.

1958년,
나쁜 선거법이 자리 잡다

종신집권을 꿈꾸는 이승만에게 야당 정치인의 자유로운 정치활동과 선거운동은 눈엣가시였다. 대통령 직선제이기에 다른 정치인이 국민에게 노출될수록 이승만의 정권 재창출이 힘들어지기 때문이었다. 정부는 1951년부터 끊임없이 국회의원선거법 개정을 시도했다. 모두 정치인과 유권자의 정치활동을 통제하는 방향이었다.

1956년 대통령선거와 1958년 국회의원선거에서 집권여당인 자유당과 야당인 민주당 말고도 제3의 정치세력이 존재했는데, 바로 조봉암이 이끄는 진보당이었다. 진보당의 존재는 자유당만이 아니라 민주당에게도 위협이었다. 민주당은 진보당을 견제하기 위해 이승만과 손을 잡았다. 그 결과 여당의 뜻이 그대로 반영된 국회의원선거법이 통과되었다. 1958년 1월 1일의 일이다.

최종적으로 통과된 1958년 선거법은 일본의 보통선거법과 상당히 유사했다. 사전선거운동이 금지되었고 기탁금제가 최초로 도입되었다. 이에 더해 선거공영제 같은 정치 신인들에게는 불리하지만 집권여당에게는 유리한 법제를 만들었다. 헌법이 보장한 정치활동의 자유가 법률로 제한된 것이다. 곧이어 조봉암과 진보당은 사법 절차에 따라 제거되었다. 자유당과 민주당, 거대 양당체제의 서막이 열렸다.

1960년, 대통령제에서 의회제로 이행하다

1960년, 3·15부정선거와 4·19혁명으로 이승만 정권은 몰락했다. 자유당은 당시 부통령이던 장면이 대통령이 되는 것보다 자신들이 힘을 가질 수 있는 의원내각제를 실현하는 게 더 안전하다는 판단을 내린다. 민주당 또한 권력을 공유하는 의회제 정부 형태를 선호했고, 마땅한 대통령 후보 또한 없었기에 이를 받아들인다. 이렇게 권력구조는 바뀌었다. 과도정부가 수립되고 제2공화국의 막이 열렸다. 정부 수반은 국무총리가 맡았고 대통령은 의회 간선으로 선출했다.

이승만 정권이 개악한 선거법은 상당 부분 제자리를 찾았다. 개표 참관의 자유를 보장했고 후보 등록 제한을 폐지했다. 선거권 연령은 만 21세에서 만 20세로 낮췄다. 이는 대한민국 최초의 선거권 연령 하향이었다. 대학생들의 선거운동을 허용했고, 언론 탄압도 없앴다. 모두 정치활동의 자유와 선거 공정성을 보장하는 조치였다.

의원내각제에 더해 양원제 국회가 처음으로 구성되었다. 특히 참의원 선거에서는 최초로 대선거구제가 도입되기도 했다. 드디어 선거구별로 1명의 당선자만 뽑는 제도에서 탈피한 것이다. 하나의 선거구에 적게는 3석, 많게는 8석까지 의석이 배정되었다. 유권자들은 단 1명이 아니라 여러 명에게 투표할 수 있었다. 단 선출하는 의석수의 절반까지였다. 만약 한 선거구에서 8명의 당선자를 뽑는다면 4명까지 투표할 수 있었다.

1명만 당선시키는 소선거구제만 경험했던 유권자들에게 이 제도는 낯설었다. 제대로 치르려면 충분한 시간을 두고 홍보와 교육이 필요했을 것이다. 그러나 과도정부 수립 이후 곧바로 선거법을 바꾸고 선거를 치렀기 때문에 국민은 변화된 제도를 제대로 이해하지 못했다.

1963년, 전국구제도를 최초로 도입하다

1961년, 5·16군사쿠데타가 일어났다. 쿠데타를 이끈 박정희에게 의원내각제는 불필요했다. 강력한 대통령제가 부활했다. 국회의원선거도 소선거구 다수대표제로 회귀했고 양원제 국회는 영원히 막을 내렸다.

이와 함께 사상 최초로 전국구 비례대표제가 시행되었다. 그러나 이 전국구제도는 원내 1당과 2당에게 편파적으로 의석을 몰아주도록 설계되었다. 제1당의 지역구 득표율이 유효투표율 50퍼센트 이상이면 득표율에 따라 전국구 의석수의 절반 이상을 배정했고, 행여 50퍼센트가 되지 못하더라도 일단 의석 절반을 확보해주는 식이었다.

이는 비례성 확보나 선택의 자유를 보장하기 위한 것이 아니라 그저 당리당략에 따른 제도 변경이었다. 집권여당에게 확실한 의석을 보장하기 위해 고안됐다는 점에서 현재 시행 중인 전국구 비례대표제와 차이가 있다.

1973년, 중선거구제를
전면 도입하다

1972년, 유신헌법이 공포되었다. 계엄령이 내려지고, 국회는 해산되었으며, 정치활동은 중지되었다. 유신체제는 국민의 삶을 바꿔놓았다. 선거제도 또한 근본적인 변화를 겪었다. 유권자의 선거권을 치명적으로 제약하는 방향이었다.

대통령 직선제가 다시 폐지됐고 국회의원의 3분의 1은 대통령 추천으로 선출되었다. 국민이 가진 선거권의 일부가 박탈된 것이다. 대통령 간선제로도 모자라 임기마저 6년으로 연장되었다. 연임 제한 또한 철폐되어 종신 집권의 가능성이 열렸다. 이 개헌안은 유권자의 91.9퍼센트가 참여한 국민투표에서 91.5퍼센트의 찬성으로 통과되었다. 본격적인 독재체제의 막이 올랐다.

1973년 국회의원선거에는 중선거구제가 전면 도입되었다. 한 선거구에서 2위까지 국회의원이 될 수 있었다. 지역구가 73개였기에 지역구 선출 의원은 총 146명이었다. 여기에 대통령이 (사실상) 직접 임명한 국회의원 73명을 더해 국회가 구성되었으므로 국회의원의 3분의 1은 '의회 안의 대통령 친위부대'였던 것이다.

직접 선출된 지역구 국회의원들도 절반은 대통령 편이었다. 한 선거구당 2위까지 선출하는 방식이 여당의 고정 당선을 보장했기 때문이다. 2인 선출 중선거구제는 여당 국회의원의 무조건 당선을 돕는 장치로 전락했다. 전략은 당연히 먹혀들었다. 73개 지역구에서 73명의 여당의원이 탄생했다. 결국 국회의 3분의 2가 대통령 편이었다. 독재의 밤은 길었다.

1987년, 대통령 직선제를 쟁취하고, 소선거구제로 회귀하다

1987은 대한민국 헌정사에서 지울 수 없는 숫자다. 대통령 직선제에 대한 요구가 거세지자 전두환 대통령은 특별담화를 통해 모든 개헌 논의를 금지하는 4·13호헌조치를 단행했다. 이는 오히려 민주화를 향한 열망에 불씨를 당겼고, "호헌 철폐" "독재 타도"라는 외침이 광장에 울려 퍼졌다. 성난 민중은 결국 5년 단임의 대통령 직선제를 쟁취함으로써 제6공화국을 탄생시켰다.

국회의원선거는 다시 소선거구제로 회귀했다. 전국구 의석도 보다 비례성을 보장하는 방식으로 바뀌었다. 지역구 5석 이상을 확보한 정당에게 의석 비율로 배분한 것이다. 제1당이 지역구의 50퍼센트보다 적은 의석을 가졌을 때에도 전국구의 절반 의석을 통째로 떼어주는 몰아주기가 여전히 존재했지만, 4~5공화국에 비견하자면 훨씬 민주적으로 발전한 제도였다.

1991년에도 국회의원선거제도는 변화를 겪었다. 가장 먼저 국회의원 정수가 고정되었다(299명). 그러나 지역구 숫자는 선거 때마다 변화했기 때문에 지역구 의석수에 따라 전국구 의석을 줄이거나 늘리면서 총원을 299명으로 맞추었다. 전국구 의석 또한 지역구 의석에서 획득한 비율에 따라 배분되었다. 1위가 모든 것을 차지하는 단순 다수대표제 지역구 선거가 선거 승패의 거의 유일한 요인이었음을 추론할 수 있다.

소수정당의 진입 장벽은 다소 낮아졌다. 전국구 비례대표제는 처음 시행될 때부터 지역구 3석과 유효투표 5퍼센트라는 진입 장벽을 가지고 있었다. 두 기준 가운데 하나를 넘지 못하면 전국구 의석을 배분받지 못했다. 그런데 1991년 개정된 선거법에서는 유효투표 3퍼센트로 진입 장벽이 완화되었다. 미미하긴 하지만 의회에 다원적 가치가 반영될 수 있도록 개정된 것이다.

1994년,
피선거권이 25세로 통일되다

1994년 이전까지 대한민국의 피선거권 연령은 선거에 따라 달랐다. 대통령은 만 40세 이상, 국회의원은 만 25세 이상으로 최초의 선거가 시행될 때부터 정해진 룰이었다. 지방자치단체장과 지방의원의 경우에는 조금 복잡했다. 광역단체장은 만 35세, 기초단체장은 만 30세, 지방의원은 만 25세 이상이면 출마 자격이 주어졌다. 그러다 1994년, 지방선거의 피선거권 연령이 모두 만 25세로 통일되었다. 만 25세가 되면 구의원, 군의원, 시의원, 도의원, 군수, 시장, 도지사 등 공직의 종류에 관계없이 모두 출마할 수 있게 된 것이다. 2000년에는 선거권 연령 또한 만 20세에서 만 19세로 낮추려는 움직임이 일었다. 선거권 연령이 만 20세로 하향된 시기가 1960년이었던 것을 감안하면, 40여 년간 선거권 연령이 그대로 유지되었던 것이다. 그러나 선거권 연령 하향은 당시 한나라당과 자유민주연합(자민련)의 반대로 무산되었다.

1995년,
전국동시지방선거가 치러지다

대한민국 최초의 지방선거는 1952년에 시행되었다. 1956년과 1960년에 2차, 3차 지방선거까지 치러졌는데, 이후 5·16군사쿠데타가 일어났다. 박정희는 1962년과 1972년 개헌을 통해 지방자치 제도를 사실상 중단시켰다. 지방의회는 폐쇄되었고, 지방자치단체장은 임명직으로 바뀌었다.

혁명으로 쟁취한 1987년의 개헌은 헌법에 지방자치 조항을 명시했다. 1991년에는 무려 31년 만에 지방의회선거가 부활했다. 이는 상당 부분 지방에 거주하는 시민들의 정치적 각성과 시민사회 세력의 성장 때문이었다. 그렇기에 1950년대에 세 차례 치러진 지방선거와는 질적으로 차이가 있었다.

1995년에는 지방의회의원만이 아니라 지방자치단체장까지 포함하는 전국동시지방선거가 열렸다. 역사적인 민선 1기가 출범한 것이다. 1기 임기는 3년이었고, 2기부터는 4년으로 조정되었다. 2010년부터는 전국동시지방선거를 통해 교육감도 함께 선출했다.

현재 지방선거를 통해 선출하는 공직자는 총 5명이다. 광역단체장, 광역의원, 기초단체장, 기초의원, 그리고 교육감이다. 1인당 받는 투표지 수는 7개다. 광역의원과 기초의원은 추가로 비례대표를 뽑기 위해 정당투표를 병행하기 때문이다. 제주특별자치도와 세종특별자치시의 경우에는 특별법 적용을 받기 때문에 다소 차이가 있다.

2000년,
여성공천할당제도를 채택하다

2000년, 국회의원 및 광역의원 비례선거에 여성공천할당제도가 도입되었다. 여성할당제는 여성에 대한 차별을 실질적으로 없애기 위한 적극적 조치 중 하나로 고안되었는데, 이 조치가 정치 영역까지 확장된 것이 바로 여성공천할당제다. 여성공천할당제가 처음 도입될 때는 비례대표의 30퍼센트 이상을 여성으로 추천하도록 했다.

2002년에 다시 관련법이 개정되면서 여성공천할당 비율은 50퍼센트 이상으로 상향되었다. 또 제도의 실효성을 확보하기 위해 매 홀수 번에 여성을 의무적으로 배정토록 했다. 이 규정을 충족시키지 못하는 정당의 후보자 명부는 선관위에서 접수를 거부할 수 있었다. 의무는 아니지만 시행을 권고하는 사항도 있었다. 되도록 각 정당의 지역 선출직 30퍼센트 이상을 여성에게 할당하도록 한 것이다.

이런 적극적 조치의 결과로 여성 국회의원 비율은 제헌국회의 0퍼센트에서 20대 국회의 17퍼센트까지 상승했다. 여전히 낮은 비율이지만 괄목할 만한 성과다. 물론 반발도 있다. 여성이 단순한 제도의 수혜자로 격하된다는 문제, 성별을 유일한 기준으로 삼음으로써 남녀 대결구도를 강화한다는 문제, 더 나아가 공정한 경쟁을 가로막음으로써 역차별을 조장한다는 문제가 제기된 것이다.

그러나 여성할당제는 세계적 추세이기도 하다. 개인주의와 경쟁

논리가 국가 철학의 근본인 미국에서조차 여성과 소수인종을 대상으로 하는 적극적 조치가 40년 전부터 시행되었다. 또한 한국의 여성 국회의원 비율이 OECD 평균인 29퍼센트에 한참 못 미친다는 점을 감안하면, 각 부문에서 여성의 비율이 최소한 30퍼센트 수준이 될 때까지 적극적 조치가 요구될 수밖에 없다. 현재 시행되는 여성에 대한 적극적 조치는, 이른바 '적극적 조치 없는 세상을 위한 적극적 조치'인 것이다.

2002년, 1인 2표제를 시행하다

지금은 후보에게 던지는 표 외에 정당투표를 별도로 하는 것이 보편적인 일이 되었지만, 이는 2001년 헌법재판소가 내린 1인 1표제 위헌 선언에 따른 것이다. 지금의 비례대표에 해당하는 전국구 선거는 정당별로 얻은 지역구 의석수와 득표율에 따라 의석을 배분했다. 그런데 지역구에서 얻은 표를 전국구와 연동하는 것 자체가 위헌이라는 결정이 내려진 것이다. 이에 따라 지역구에서의 후보 지지와 전국구에서의 정당 지지를 분리할 수 있게 되었다.

1인 1표제에 대한 문제 제기는 2000년 창당한 진보정당인 민주노동당이 시작했다. 지역구에서 1명만 뽑는 소선거구 다수대표제는 오랜 기간 지역 기반을 닦아온 거대 기득권 정당에게만 유리하다. 필연적으로 '1번 아니면 2번'이 지배하는 양당제가 고착화될 수밖에 없는 구조다. 거기에 전국구 의석까지 지역구 결과에 따라 배분하게 되면 제3정당은 설 자리가 사라진다. 1인 2표제는 민주노동당의 유일한 돌파구이자 살길이었다.

실제로 1인 2표제가 도입된 2002년 지방선거에서 민주노동당은 정당득표 8.13퍼센트를 얻어 제3당으로 부상했다. 기세를 몰아 2004년 총선에서는 정당득표로 무려 13.1퍼센트를 기록해 10명의 국회의원을 배출하는 성과를 냈다. 이는 당시까지 진보정당이 기록한 최대 성과였으며, 그 결과 민주노동당은 나름 영향력을 갖춘 원내정당이 되었다. 2004년 민주노동당의 약진은 선거제도의 변화가 선거 결과에 미치는 영향을 간명하게 보여준다.

2004년, 완전 선거공영제를 실시하다

'선거는 국가가 관리한다. 따라서 선거운동에 드는 비용도 국가가 부담한다.' 이것이 선거공영제의 기본 원리다. 이 제도에 따라 후보들이 실제로 쓸 수 있는 선거비용의 상한액도 규정했는데, 이는 후보의 재력이나 나이, 지위 때문에 후보 간 선거운동에 차이가 발생하는 것을 막기 위해서다. 선거공영제는 기회의 균등을 보장해 선거의 공정성을 높이는 장치 중 하나인 것이다.

1967년 제7대 국회의원선거까지는 선거에 드는 비용을 후보가 직접 부담했다. 그러다 1970년대 들어 선거공영제가 일부 도입되었다. 국가나 지방자치단체가 후보들의 선거비용 일부를 직접 부담해준 것이다. 2000년에는 득표율이 20퍼센트 이상인 후보에게 선전물이나 선거사무 관계자의 수당 같은 일부 항목의 선거비용을 보전해주는 법 개정이 이뤄졌다. 그러다 2004년에 이르러 완전 선거공영제가 도입된 것이다. 이에 따라 후보자가 지출한 선거비용 전액을 국가가 보전해준다.

완전 선거공영제라고는 하지만 모든 후보에게 선거비용을 보전해주는 것은 아니다. 최소한의 득표율 기준을 세워두었기 때문이다. 15퍼센트 이상 득표하거나 당선된 후보에게는 선거비용 전액을, 10퍼센트 이상 15퍼센트 미만을 득표한 후보에게는 선거비용 반액을 보전하는 식이다. 국민 세금으로 모든 후보의 선거비용을 부담할 수는 없겠지만, 헌법 제116조가 명시한 선거공영제의 취지를 고려할 때 10퍼센트, 15퍼센트라는 기준이 지나치게 높은 것 아니냐는 문제 제기가 지속되고 있다.

2005년, 45년 만에
선거권 연령이 낮아지다

대한민국의 선거 연령은 1948년 만 21세로 시작했다가 1960년

4·19혁명 이후 만 20세로 낮춰졌다. 이후 45년 동안 만 20세 선거권은 꼼짝도 하지 않았다. 그러다 2005년, 선거법 개정을 통해 만 19세로 역사적인 하향이 이뤄졌다. 선거 연령을 단 한 살 낮추는 데 무려 45년이 걸린 셈이다.

2005년으로부터 다시 13년이 흘렀다. 현재 대한민국은 OECD 국가들 중 유일하게 만 18세 선거권을 인정하지 않는 나라다. 선거권만이 아니다. 청소년의 선거운동과 정당 가입의 자유 또한 제한하고 있다.

2006년, 지방의원 유급제를 시행하다

지방의원의 유급제는 지방자치법시행령이 국무회의를 통과한 2006년부터 시행되었다. 그 전까지 지방의원은 무보수 명예직이었으며, 의정활동에 필요한 일정한 수당만 지급받았다.

지방의회는 헌법에 따라 설치가 보장된 기관이다. 주민의 의사를 대변하고, 지방자치단체의 중요 사안을 의결하며, 조례를 제정하고, 지방 행정을 감시하는 역할을 한다. 대한민국 지방의회의 역사는 비록 짧지만, 풀뿌리 민주주의를 실현하는 데 필수불가결한 제도로 평가받고 있다.

한편 부정적 시각도 있다. 명분은 인정되지만 전문성 있는 인력이 충원되지 않고, 지방자치단체장에 대한 실질적 견제 기능도 미약하다는 것이다. 의원의 책임성과 도덕성 미흡도 지적되었다. 지방의원들의 외유성 해외연수가 언제부터인가 매년 단골처럼 찾아오는 논란거리기도 했다.

지방의회의 역할에 대한 냉소와 회의가 지배적인 상황에서 지방의원 유급제의 도입은 사회적 반발을 일으켰다. 하지만 적은 수당을 받고도 의정활동에 집중할 수 있는 사람은 상대적으로 생계 걱정에서 자유로운 지역 토호세력들이라는 점에서, 그리고 무보수는 개인 의원의 게으름과 도덕적 해이를 정당화한다는 점에서 지방의원 유급제의 시행은 원칙적으로 옳은 방향이라는 의견도 있었다. 어쨌든 당시 여야가 모두 동의했기에 유급제는 별다른 정치적 갈등 없이 도입되었다.

사실 유급제는 지방의회가 가진 문제의 유일한 해결책도, 문제의 본질도 아니다. 물론 지나친 보수는 지방정부 재정을 악화시키는 요인이 될 수 있다. 그러나 지방의회의 실질 기능을 강화하기 위해서는 보다 근본적인 조치가 필요하다. 행정부 공무원들에 비해 지나치게 낮은 전문성을 보강하고, 보수정당에게 일방적으로 유리한 선거제도를 개혁하는 일 등이다.

2008년, 대통령선거 기탁금의
헌법불합치가 선언되다

기탁금제도는 1987년 제13대 대통령선거에서 처음 도입되었다. 선거에 출마하고자 하는 후보는 선거관리위원회에 후보 등록을 할 때 일정 액수의 기탁금을 내도록 했다. 대통령선거 기탁금은 정당 추천 후보자와 무소속 후보자가 각각 5000만 원, 1억 원이었다. 또 득표율이 5퍼센트를 넘지 못하면 해당 후보가 납부한 기탁금은 국고에 귀속되었다.

이후 대통령선거 기탁금은 정당 추천 여부와 관계없이 모두 3억 원으로 변경되었다가, 다시 5억 원으로 증액되었다. 마찬가지로 일정 기준 이하로 득표할 경우 이 돈은 돌려받지 못했다. 이 때문에 출마는 일반 시민에게 엄청난 경제적 위험을 감수하게 하는 일이 되어버렸다.

그런데 2008년, 대통령선거 기탁금제도가 헌법불합치 결정을 받았다(지역구 총선 기탁금 2000만 원의 경우 2001년 위헌이 선언되었다). 그러나 기탁금은 사라지지 않았다. 제도 자체의 필요성은 인정되었기 때문이다. 대신 금액이 하향되었다. 현재 법령은 대통령후보는 3억 원, 국회의원은 1500만 원, 광역자치단체장은 5000만 원, 기초자치단체장은 1000만 원, 광역의원은 300만 원, 기초의원은 200만 원의 기탁금을 내도록 규정하고 있다.

각종 선거의 기탁금에 대한 헌법소원은 1988년부터 끊임없이 제기되었다. 헌법재판소는 2016년 국회의원 비례대표 후보 기탁금 조항에 대해서도 헌법불합치 판결을 내렸는데, 조항의 개정 시한을 2018년 6월로 정하면서 "선거에 입후보할 것인지의 여부를 진지하게 고려할 정도이면서, 진지하게 입후보를 고려하는 예정자가 입후보를 포기할 정도로 높아서는 안 되는" 액수를 정하라고 판시했다(헌법불합치 결정은 해당 법령이 위헌이지만 즉각 효력을 중지시킬 경우 법 공백에 따른 혼란이 우려되기에 법률 개정 전까지만 한시적으로 유지하는 결정을 말한다. 결정의 선고 순간부터 해당 법령의 효력이 중지되는 위헌 결정과 차이가 있다. 헌법불합치 결정을 내릴 경우 헌재는 보통 위헌법령의 개정 시한을 함께 결정해 공표한다).

2012년, 논란이 된 기초의원 정당공천제

1960년 치러진 제5대 국회의원선거에서는 전체 출마자 가운데 무소속 출마자가 무려 64.5퍼센트에 달했다. 당선자 가운데는 21.1퍼센트가 무소속이었다. 헌정 초기에는 정당추천제가 없었고 모든 후보는 선거인추천제를 통해서만 입후보할 수 있었기 때문에 무소속 출마자가 다수였다. 그러다 5·16군사쿠데타로 정권을 잡은 군부는 1962년 정당법을 개정했다. 무소속 출마를 금지하고, 정당 등록요건을 강화하고, 정당공천제를 의무화한 것이다. 정당정치의 강화를 명분으로 내세웠지만, 이는 정권에 위협이 되는 정치인들을 통제하려는 목적이었다. 피선거권을 심각하게 제한했던 무소속 출마 금지조치는 6, 7, 8대 국회의원선거 내내 지속되었다.

1971년 제8대 국회의원선거에서 야당인 신민당이 44.4퍼센트를 얻어 공화당을 불과 3퍼센트 차이로 추격하자 박정희는 1972년 정당 등록요건을 완화하고 무소속 출마를 허용했다. 이는 유신헌법으로 여당이 의회의 3분의 2를 차지한 상황에서 나머지 3분의 1조차 야당과 무소속이 '나눠먹게' 하려는 의도에서 나온 꼼수였다.

지방의회에 정당공천제가 처음 도입된 것은 1990년이다. 단 광역의원과 광역자치단체장에 한해서였다. 1994년에는 기초자치단체장까지 확대되었고, 2006년에는 기초의원까지 적용됨으로써 전국동시지방선거에 완전히 도입되었다.

정당은 시민의 요구를 수렴해 정치제도 영역에서 의견을 관철하는 정치 주체다. 민주주의의 동력인 셈이다. 한때 정당은 독재를 공고히 하기 위한 수단으로 이용되기도 했지만, 그렇다고 해서 정당 없는 현대 민주주의를 상상하기란 어려운 일이다. 정당정치의 발전을 통해 책임정치를 구현하는 일은 분명 현대 정당 민주주의의 이상적인 방향이다.

그런데 2012년, 기초의원 정당공천제(이하 기초공천제)가 갑자기 논란거리가 되었다. 2012년 대통령선거를 앞두고 당시 안철수 후보가 기초공천제 폐지를 주장한 것이다. 그러자 문재인, 박근혜 후보까지 기초공천제 폐지를 공약하기에 이른다. 결국 기초공천제 폐지는 정국의 핫이슈가 되었다. 기초공천제 폐지의 주된 논거는 정당의 공천이 매관매직을 유발한다는 것이었다. 중앙정치가 강하고 지역정치는 약한 대한민국 현실에서 기성 정당의 일부 정치인이 그 정당의 후보 자리를 얻는 대신 지역구 국회의원이나 중앙당에 돈을 제공하는 행태가 반복되었던 것이다.

2013년 4월 재보선을 앞두고 새누리당(대표 황우여)은 기초공천제 폐지를 선언하면서 민주통합당(비상대책위원장 문희상)에도 공약 이행을 촉구했다. 결국 재보선에서는 새누리당이 공천을 하지 않고 민주통합당은 그대로 공천을 강행하는 상황이 벌어졌다. 그다음 해인 2014년 지방선거에서는 상황이 반전됐다. 새누리당이 먼저 위헌 소지를 들어 기초공천제 폐지 공약을 철회했다. 난감해진 새정치민주연합(안철수 대표의 새정치연합과 김한길 대표의 민주당이 합당)은 당원 투표와 국민 여론조사를 통해 공천제 폐지 여부를 물었다. 결국 2014년 지방선거에서 거대 양당은 모두 기초공천제를 그대로 유지하는 쪽으로 결론 내렸다.

왜 자꾸 바꾸자고 할까: 현행 선거제도의 문제점

1987년 6월항쟁이 일어난 지 30여 년 뒤 촛불이 일어났다. 촛불은 박근혜 전 대통령에 대한 불만만이 아니라 그간 누적된 한국 사회의 모순을 집약적으로 표출했다. 특히 "재벌도 공범"이며 "삼성 이재용도 구속하라"는 시민들의 외침은 단순한 정치 민주화로는 환원할 수 없는 광장의 요구를 드러냈다. 새로운 시대의 민주화는 심각하기로 정평이 난 한국 사회의 경제적 불평등까지 바로잡는 것이어야 했다.

촛불이 만든 대통령선거가 문재인을 당선시켰다. 문재인 대통령은 취임 한 달 뒤 찾은 6월민주항쟁 30주년 기념식에서 "사회경제적 불평등을 해소하는 것이 진정한 민주주의"라고 선언했다. 소득주도 성장론을 전면에 내걸고 최저임금을 인상하는 등 광장에 내걸린 한 축의 요구가 새 정부의 국정에 안착되었다.

나머지 한 축은 박근혜 전 대통령의 국정농단을 가능케 했던 정치제도였다. 개헌 논의가 시작되었다. 특히 권력구조 측면에서는 현행 대통령제를 유지하자는 여론이 우세하다. 단 권력 분산을 통해 제왕적 대통령제를 손보자는 것이다. 그러나 문재인 대통령이 발의한 정부 개헌안에서 4년 연임 대통령제를 비롯한 여러 안건이 여야 간 찬반의 대상이 되면서 국회 논의는 다소 지리멸렬한 양상을 보였다.

국회의 개헌 논의가 고착되었던 상황은 사실 국회의 구성에서 기인한다. 정권은 바뀌었지만 국회는 여전히 촛불 이전의 국회인 탓이다. 거대 양당은 기존 관습에 따라 '일단 상대방 의견에 반대하고 보는' 양극단 정치를 이어가고 있다. 개혁의 레이더에 다시 국회가 포착되었다. 국민을 대변하지 못하는 국회, 정쟁만 일삼는 국회, 전 국민적인 냉소의 한가운데 선 국회를 개혁하기 위한 시도를 다시 이어가야 한다. 그 대표적인 시도가 바로 선거제도 개혁이다.

국민을 제대로
대변하지 못하는 국회

국민이 권력구조 개혁보다 선거제도 개혁에 관심이 적은 것은 아마도 국회 때문일 것이다. 바꿔 말하면 선거제도 개혁이 시급하게 필요한 이유 또한 국회에 있다. 국회는 국민의 무관심에 기생해 국민 위에 군림하려 하고 있다.

한국행정연구원의 2016년 사회통합 실태조사에 따르면, 기관의 청렴성과 공정성 부문에서 가장 낮은 점수를 받은 기관이 모두 국회였다. 국회는 국민이 선출한 헌법기관이다. 대체 어쩌다가 국회는 자신을 탄생시킨 국민으로부터 온갖 불신을 받는 대상이 되었을까? 가장 최근 구성된 20대 국회에서 그 답을 찾아보자.

앞서 언급했듯 20대 국회의원 당선자 중 여성 비율은 17퍼센트, 남성 비율은 83퍼센트다. 연령으로 보면 20대 국회의원은 0퍼센트, 50대 이상 국회의원은 82.3퍼센트다. 경제적 측면은 더욱 심각하다. 국회의원들의 평균 재산은 40억 원이 넘는다. 한국의 여성 인구는 단 17퍼센트가 아니며, 20대 인구는 수백만 명이다. 국민 재산 평균이 40억을 넘는 것은 더더욱 불가능하다. 놀라운 것은 이런 통계를 보고도 놀라는 사람이 없다는 사실이다. 국회는 이미 특정 사람들만의 성전이 되었다.

50대의 부유한 남성 국회의원이 20대의 비정규직 여성 노동자를 대변해줄 것이라 기대하는 것은 순진한 생각이다. 압도적인 지역구 의석수, 거대 정당 중심의 정치 구조, 높은 기탁금, 지나친 참정권 제한과 같은 문제들이 이런 국회를 만들었다. 지금의 국회는 국민을 닮지도 않았고, 국민의 의사를 반영하지도 않는다. 이 둘을 바로잡지 않는 이상 국민의 뿌리 깊은 불신은 해소되지 않을 것이다.

짬뽕 아니면 짜장면,
보수당과 민주당

20대 국회의 정수는 지역구 253석, 비례대표 47석을 합해 총 300석이다. 지난 총선에서 더불어민주당이 123석, 새누리당(현 자유한국당)이 122석, 국민의당(현 바른미래당), 정의당, 무소속이 각각 38석, 6석, 11석을 차지했다. 앞선 두 정당을 합치면 245석이니 전체 의석의 82퍼센트에 육박한다.

사실 거대 양당이 국회를 독점한 것은 하루이틀 일이 아니다. 2000년 총선에서 한나라당(총재 이회창)은 133석, 새천년민주당(총재 김대중)은 115석을 얻었다. 273석 가운데 248석(90.8퍼센트)이다. 2004년 총선에서는 열린우리당(의장 정동영)이 152석, 한나라당(대표 박근혜)이 121석을 얻었다. 299석 가운데 273석(91.3퍼센트)이다. 2008년 총선에서는 한나라당(대표최고위원 강재섭)이 153석, 통합민주당(공동대표 손학규, 박상천)이 81석을 얻었다. 299석 가운데 234석(78.2퍼센트)이다. 2012년 총선에서는 새누리당(비상대책위원장 박근혜)이 152석, 민주통합당(대표최고위원 한명숙)이 127석을 얻었다. 300석 가운데 279석(93퍼센트)이다. 2016년 총선에서는 더불어민주당(비상대책위원장 김종인)이 123석, 새누리당(대표최고의원 김무성)이 122석을 얻었다. 300석 가운데 245석(81.7퍼센트)이다. 이렇게 다섯 번의 총선을 거치는 동안 보수당과 민주당은 평균 87퍼센트의 의석을 차지했다. 그야말로 확고한 양당제 국가라 할 수 있겠다.

이 밖에도 한국의 거대 양당은 잦은 당명 변경과 이합집산을 거듭하는 특징이 있다. 제헌국회 이후 국회의원 후보를 낸 정당은 210여 개이며, 당명의 평균 수명은 2년 반이다. 민주당은 20여 년 전인 1997년 김대중 전 대통령 취임 이후에만 당명을 10번이나 갈아치웠다. 걸핏하면 꾸리는 비상대책위원회 체제가 일상화되어 있고, 정당의 계보도 아주 복잡하다. 그러나 보수당과 민주당이라는 근본 줄기는 변하지 않는다.

한국 정당은 선거철을 전후로 이름을 바꾸거나 비대위 체제를 꾸린다. 거기에 인물을 중심으로 합당과 분당을 반복한다. 당을 살리기 위해 새 인물을 영입해 전략공천하는 일이 비일비재하며, 비례대표는 공천을 빌미로 돈을 걷는 수단으로 활용하기도 했다. 이런 거대 양당에 대한 인식은 국민에게 보편적 정당의 모습으로 각인되었다.

상황이 이렇다 보니 웃지 못할 에피소드도 생긴다. 2004년 민주노동당이 눈에 띄는 원내 진출 성과를 이룬 이후 무턱대고 중앙당을 찾아와서는 "얼마면 되냐"고 묻는 사람들이 있었다고 한다. 그러나 당시 민주노동당은 당비를 낸 진성당원들을 유권자로 삼아 경선을 치르고 후보를 선출하는 것이 원칙이었다. "얼마면 되냐"를 외쳤던 사람에게는 이해될 리 없는 룰이었을 것이다.

사실상 한편,
지방의회와 행정부

지방의회의 경우 사태는 더욱 심각하다. 거의 모든 광역의회가 양당체제도 아닌 일당체제에 가깝다. 2014년 광역의회 선거에서 지역구 당선자의 90퍼센트 이상이 제1당 소속인 경우가 절반에 달했다(총 17개 지역 중 8개). 우리나라 광역의회의 절반은 일당 독점 의회인 것이다. 그나마 의회만 독점하는 거라면 상황이 나을 수도 있다. 문제는 의회 다수당과 지방자치단체장의 소속이 같은 경우도 비일비재하다는 것이다. 이렇게 의회와 행정부의 지배 정당이 일치하는 경우를 '단점정부'라고 하는데, 2014년 선거에서는 전체 광역시도의 70퍼센트에서 단점정부가 구성되었다(총 17개 가운데 12개).

이는 상황이 나아진 것이다. 1998년, 2002년, 2006년의 연속된 세 번의 지방선거에서는 단 한 곳을 제외하고 모든 광역시도가 단점정부를 구성했다(총 16개 가운데 15개). 지역 정치성향이 뚜렷한 영남과 호남은 전국동시지방선거가 실시된 이래 단 두 번을 제외하고는 항상 단점정부의 형태를 취해왔다. 한국 광역지방자치단체에서는 '무조건 1번'을 찍는 지역주의와 승자독식 소선거구제가 합쳐져 분권은커녕 독재에 가까운 처참한 결과를 빚어내고 있다.

기초의회는 광역의회와 달리 중선거구제를 채택한다. 한 선거구에서 적게는 2인, 많게는 3인의 당선자를 배출해왔다. 2018년 지방선거부터는 4인 선거구도 도입될 예정이다. 물론 압도적인 수의

2인 선거구에서 대개 양당이 '나눠먹기'를 하지만(2014년 지방선거에서 전체 기초의원 지역구의 59.2퍼센트가 2인 선거구였다), 3인 선거구의 경우에는 소수정당이나 무소속 후보가 당선될 여지가 있다. 그러나 언제든 퇴보할 가능성도 있다. 일례로 4인 선거구를 두 개로 쪼개 2인 선거구를 만드는 사례가 속출하고 있다.

사표는 많고 투표는 의미가 없다

소선거구제는 필연적으로 다량의 사표를 발생시킨다. 1위에게 던진 표가 아니면 당선자를 만드는 데 어떤 기여도 하지 못하는 쓸모없는 표가 된다. 모든 국회의원을 이렇게 선출하는 건 아니지만, 이런 방식으로 선출하는 국회의원 수가 압도적이다. 그러다 보니 사표 수도 압도적이다. 이런 여건에서는 '사표심리'라는 게 강하게 작동한다. 내 표가 무슨 역할이라도 하게 만들려면 '안전한 길'을 택할 수밖에 없다. 그렇게 해서 기존 양당체제가 반복된다.

민주화 이후 2012년까지 국회의원선거에서 발생한 사표만 7162만 6533표라고 한다. 어떤 선거에서는 '산 표'보다 '죽은 표'가 더 많았던 적도 있다. 13대 총선에서부터 17대 총선까지가 그랬다. 대한민국 유권자의 절반은 아무 의미도 없는 표를 행사하려고 투표장에 가고 있는 셈이다.

부족한 정당성,
제왕적 대통령

대한민국은 단 한 번도 결선투표제를 시행해본 적이 없다. 1명에게만 기표하는 방법 외에 다른 방식을 경험한 적도 드물다. 단 한 번의 선거에서 단 1명에게 기표하는 행위가 모든 것을 좌우한다. 이런 방식이 극대화된 선거가 바로 대통령선거다. 사표심리도 그만큼 강하게 작용한다. 1위와 2위를 제외한 '애매한' 지지율의 후보들은 사퇴나 단일화 압박을 받는다.

민주화 이후 가장 높은 지지율로 당선된 대통령은 51.6퍼센트를 얻은 박근혜 전 대통령이었다. 투표한 유권자 중 절반이 겨우 넘는 수준의 지지가 최고 지지인 것이다. 당시 문재인 후보는 48퍼센트를 얻어 낙선했다. 문재인 후보보다 낮은 득표를 하고도 대통령에 당선된 후보는 4명이나 된다. 노태우 36.6퍼센트, 김영삼 42퍼센트, 김대중 40.3퍼센트, 그리고 19대에서 당선된 문재인의 41.1퍼센트다. 문재인 후보는 18대 대선에서는 48퍼센트를 얻고도 낙선했지만, 19대 대선에서는 41.1퍼센트를 얻고도 당선되었다. 현행 대통령 선거제도가 만든 반전 결과다.

절반 이하의 지지율을 받고도 대통령이 될 수 있는 데 반해 주어진 권한은 엄청나다. 흔히 '제왕적 대통령제'라고 지적되는 대통령에게 집중된 권력구조는 박근혜 전 대통령의 탄핵심판사건 결정문에서 국정농단 사건의 한 원인으로 지목되기도 했다.

대한민국이 당분간 대통령중심제를 벗어날 일은 없을 듯하다. 그렇다면 대통령 권한의 분산이 필요하다. 그와 함께 국가 권력의 정점이라고 할 수 있는 대통령을 선출하는 일에서 국민 의사를 어떻게 해야 더 잘 담아낼 수 있을지 고민해야 한다.

어떻게 하면 될까: 선거제도 개혁의 쟁점

비례성 강화와
연동형 비례대표제 도입

한국은 비례대표제를 시행하고 있지만 선거제도의 비례성은 아주 낮은 나라다. 20대 총선에서 새누리당(현 자유한국당)은 지역구에서 38.3퍼센트, 정당투표에서 33.5퍼센트를 득표했지만 총 의석에서는 그 둘 모두를 뛰어넘는 40.67퍼센트를 차지했다. 더불어민주당도 마찬가지다. 지역구에서 37퍼센트, 정당투표에서 25.5퍼센트를 얻었지만 의석은 41퍼센트를 가져갔다.

이 결과에는 두 가지 모순이 있다. 첫째, 더불어민주당은 지역구에서도, 정당투표에서도 새누리당에 뒤졌는데도 새누리당보다 더 많은 의석을 확보했다. 둘째, 두 정당 모두 득표 비율보다 더 많은 의석을 배분받았다.

3당부터는 정반대 결과가 나온다. 국민의당은 지역구에서 14.9퍼센트, 정당투표에서 26.7퍼센트를 얻었지만 전체 의석은 그 둘보다 낮은 12.67퍼센트를 가져가는 데 그쳤다. 정의당은 지역구에서 1.6퍼센트, 정당투표에서 7.23퍼센트를 득표했고 전체 의석에서는 2.67퍼센트를 차지했다. 정의당이 지역구에서 무척 낮은 득표를 했다는 차이점이 있지만, 두 정당 모두 거대 정당에 비해 불리한 결과를 얻었다.

낮은 비례성의 원인은 명확하다. 전체 의석의 일부만 비례대표로 선출하는 병립형 비례대표제를 운영하고 있는데다, 지역구 의석에 비해 비례대표 의석이 지나치게 적기 때문이다. 300석 가운데 지역구 의석이 253석, 비례대표 의석이 47석이다. 전체 의석의 16퍼센트로는 기대할 수 있는 비례성 상승효과가 극히 미미하다.

낮은 비례성이 가져오는 효과는 명확하다. 거대 정당에 의석을 몰아줌으로써 다수당 출현은 용이하게 만들지만, 사표를 발생시키고 양당제를 강화하며 다원적 가치를 훼손한다.

이를 바로잡기 위해 2015년 중앙선거관리위원회가 제안한 것이 바로 연동형 비례대표제다. 연동형 비례대표제는 각 정당의 득표율에 비례해 의석을 배분한다. 예컨대 20대 총선에서 7.23퍼센트를 득표한 정의당에는 총 300석 가운데 21석을 보장해주는 것이다. 이렇게 한다고 해서 지역구 선거가 사라지는 것은 아니다. 정의당이 지난 선거에서 얻은 지역구 의석수는 2석이다. 그렇다면 총

21석에서 2석을 제외한 19석만 비례대표 의석으로 보강해주면 되는 것이다.

그런데 어떤 정당은 정당득표보다 더 많은 지역구 의석을 획득할 수 있다. 총 100석 놓고 치러진 선거에서 25퍼센트의 정당득표를 한 당이 지역구 선거에서 26석을 얻었다고 가정해보자. 비례 원칙에 따라 배분되는 의석은 25석이지만, 지역구 선거 결과로 1석의 초과의석이 발생한다. 이런 경우 그 초과 의석을 그대로 인정해준다. 따라서 연동형 비례대표제를 시행했을 때 국회의원 정수는 고정되지 않고 조금 늘어날 가능성이 있다.

지난 19대 대통령선거에서 문재인, 안철수, 심상정 후보는 모두 연동형 비례대표제를 공약으로 내걸었다. 비례성이 강한 선거제도로 이행해야 한다는 공감대가 이미 정치권에 널리 퍼져 있다는 방증이다. 연동형 비례대표제 도입은 심지어 개헌 사항도 아니다. 국회의원 절반 이상의 동의로 선거법을 개정하기만 하면 바로 도입할 수 있다. 실제로 연동형 비례대표제 도입을 골자로 하는 공직선거법개정안이 국회에 여러 건 제출되어 있다.

국회의원 정수 확대

기득권을 지키려는 국회의원들보다 연동형 비례대표제 도입에 더 우호적이지 않은 주체가 바로 국민이다. 지역구 정수를 비슷한 수준으로 유지한 채 연동형 비례대표제를 도입하려면, 필연적으로 국회의원 정수가 어느 정도 늘어날 수밖에 없다. 하지만 이에 대한 반대가 만만찮다.

사실 한국 사회에서는 국회가 국민으로부터 불신받고 있기 때문에 국회의원 수를 늘리는 일은 그리 쉬운 문제가 아니다. 그러나 국회의원 수를 늘려야 하는 이유는 여러 가지가 있다. 2003년 이미 국회의원 적정 수가 330명에서 360명 선이라는 학계의 분석이 발표되었다. 인구, GDP, 정부 예산, 공무원 수 등을 기준으로 OECD 국가들과 비교해 평균을 내고, 그 결과 값에 5퍼센트 정도의 신축성을 적용한 수치였다.

2015년 OECD 국가들의 의원 정수를 비교했을 때도 같은 결과가 나왔다. OECD 34개국의 국회의원 1명당 인구수 평균은 9만 9469명으로 약 10만 명에 가까웠다. 그러나 한국은 의원 1명이 무려 16만 7400명의 국민을 대표하고 있었다. 한국의 의원 수를 OECD 평균 수준으로 맞추려면 총 514명의 국회의원이 있어야 한다. 한국과 인구수가 비슷한 스페인의 경우 상·하원을 포함한 의원 수가 총 616명이다. 한국의 두 배가 넘는 수치다.

비례성 확대를 위해서도, 대표성을 강화하기 위해서도 국회의원 정수 확대는 필요하다. 이는 국민 의사를 더욱 철저히 대변하기 위한 방안이다. 단 엄청난 특권을 그대로 둔 채 숫자만 늘리는 방향이 아니라 헌법기관인 국회의 책임과 권한을 강화하는 방향이어야 한다.

불필요한 특권을 줄이고 세비를 삭감한다면, 정수 확대로 인한 예산의 추가 투입을 막을 수 있다. 의회제 자체를 폐지할 수 없다면, 더 많은 국회의원이 발로 뛰는 국회, 국민 의사를 제대로 대변하는 국회를 상상하고 관철시켜야 한다.

결선투표제 도입

한국은 '제왕적 대통령'이라는 말을 탄생시킨 미국보다 대통령의 힘이 더 센 나라다. 이에 따라 일각에서 내각책임제가 제기되고 있긴 하지만, 1987년 수많은 피와 땀으로 쟁취한 직선제이기에 대통령제 자체를 부정하는 것에 많은 국민이 거부감을 가지고 있다.

결국 가능한 대안은 분권형 대통령제다. 대통령에게 집중된 권한을 적절하게 나눠야 한다. 이에 더해 갈등과 파국이 아닌 토론과 타협의 정치를 일상화하는 연합 정치를 실현할 필요가 있다. 이는 낮은 득표로 많은 권한을 차지한 대통령의 정당성과 통합력을 높여주는 장치가 될 수도 있다.

결선투표제 또한 대통령제를 보완하는 제도다. 결선투표제가 시행된다면 군소후보에 대한 단일화 압력이 현저하게 줄어들 것이다. 작은 정당 후보도 1차 투표에서 자신의 정책을 마음껏 펼치며 경쟁할 수 있는 것이다.

결선투표까지 가지 못한 낙선자는 자신과 비슷한 정책을 제시한 후보를 지지함으로써 연정을 시도할 수 있다. 대통령은 과반의 득표로 당선되기에 충분한 정당성을 갖게 되고, 다른 정치세력과 연합했기 때문에 독주할 수 없는 구조가 형성된다. 전직 대통령 11명 가운데 5명이 검찰에 소환된 불행한 역사를 바로잡으려면 권력의 적절한 분배를 반드시 제도화해야 한다.

19대 대통령선거에 출마했던 문재인, 안철수, 심상정, 유승민 후보는 모두 결선투표제 도입에 찬성했다. 국민 절반 이상(51.3퍼센트)이 결선투표제에 지지한다는 2017년의 여론조사도 있다. 결선투표제 도입이 개헌을 요하는지, 아니면 단순한 법률 개정 사안인지에 대해서는 논쟁이 있지만, 분명한 것은 대통령이나 지방자치단체장과 같이 단 1명의 대표를 선출하는 선거에서 결선투표제를 도입하는 것이 바람직하다는 사회적 합의가 어느 정도 성립되었다는 점이다.

정당 설립요건 완화와
지역 정당의 허용

대한민국에서 정당을 만들어 등록하기란 만만치 않다. 시도당 수와 당원수가 정당법에 명시되어 있기 때문이다. 누군가 합법정당을 창당하려면 5개 이상의 시도에서 각각 1000명 이상의 당원을 모집해야 한다. 얼핏 생각하기에도 수적으로 지나친 요건이다.

또한 이는 지역 정당의 성립을 불가능하게 만들고 있다. 앞서 살펴본 것처럼 지방의회는 중앙의회보다 '양당 나눠먹기'나 '일당 독재'가 심하고 중앙정치에 예속되는 경향이 강하다. 이 현상은 지역 고유 정당의 설립을 허용하지 않는 데에도 그 원인이 있다. 지방선거에만 후보를 낼 수 있는 지역 정당을 인정한다면 지역 고유의 현안을 깊이 고민하는 정치세력이 의회에 진출해 지방자치의 취지를 더욱 명확히 실현할 수 있다.

한국에도 과거 '풀뿌리옥천당' '마포파티' '과천풀뿌리' 같은 풀뿌리 운동단체들이 고유한 정치세력을 형성하려는 시도가 있었지만 번번이 좌절되었다. 아래로부터 시작되는 정당 운동이 법에 가로막힌 탓이다. 전국적으로 정당에게 통일된 기호를 부여하는 조치 또한 풀뿌리 지방자치 관점에서 재고할 필요가 있다. 지방선거는 분명 전국선거와 다른 시각에서 접근해야 한다.

기탁금과
선거비용 보전 기준의 하향

'마구잡이 출마'를 막기 위한 기탁금제도는 청년, 여성, 장애인과 같은 사회·경제적 약자의 출마를 가로막는다. 우리 사회에서 소외된 이들의 의사도 대변되어야 한다고 믿는다면, 경제적 약자를 정치적 약자로 만드는 높은 기탁금제도는 조정되어야 한다.

기준에 미달하는 득표를 했다고 해서 기탁금을 돌려주지 않는 것도 문제다. 현행 제도에서는 10퍼센트를 넘기지 못하면 기탁금 전액을, 15퍼센트를 넘기지 못하면 기탁금 절반을 돌려받지 못한다. 이쯤 되면 대한민국 선거제도는 유권자가 다양한 선택지를 갖지 못하게끔 제한하기 위해 존재하는 게 아닌가 의심이 들 정도다.

선거비용을 보전해주는 기준도 기탁금 반환 기준과 같다. 이런 제도 아래에서는 가진 사람들만 혜택을 입는다. 큰 정당일수록, 선거비용을 많이 사용해 높은 득표를 얻은 후보일수록 돈을 다시 돌려받을 가능성이 높다. 정치판 빈익빈 부익부다.

선거권 연령 하향과 참정권 확대

만 18세 이상인 국민의 선거권을 보장하는 것은 대한민국 정치에서 더이상 미룰 수 없는 과제다. 미국과 영국은 1970년부터, 프랑스는 1974년부터 선거권 연령을 만 18세로 낮췄다. 옆 나라 일본 또한 2015년에 같은 조치를 취했다. 여러 현행법을 봐도 마찬가지다. 만 18세라는 연령은 취직이나 입대, 운전면허 취득이나 혼인이 가능한 나이다. 만 18세인 국민이 충분히 가져야 하는 사회적 권리와 의무를 유독 공직선거법만 인정하지 않고 있는 것이다.

유럽의 선진 민주주의 국가들에서는 청소년의 정치활동이 자연스럽다. 청소년의회가 운영되거나, 선거철 청소년들이 직접 특정 후보를 지지하는 역할을 맡아 학교에서 모의 선거운동을 벌이기도 한다. 영국과 프랑스, 독일 같은 나라는 정당 가입 연령을 각 정당의 자율에 맡긴다. 교문 안에 들어서면 정치를 금기시하는 한국의 교육환경과는 무척 대비된다.

성장하면서 정치를 자연스럽게 접하는 일은 중요하다. 다행히 한국에서도 청소년 참정권을 확장하려는 움직임이 오랫동안 이어져왔다. 지난 19대 대통령선거에서는 YMCA가 앞장서 청소년 모의투표를 실시하기도 했는데, 여기에 약 6만여 명의 청소년이 참여했다. 더불어민주당의 '더불어청소년', 옛 바른정당의 '바른미래', 정의당의 '허들'처럼 정당에서 활동하고자 하는 청소년들의 자발적 모임이 구성된 것도 고무적이다. 2017년, 청소년의 정당 가입을 제한하는 정당법 제22조 1항에 대한 헌법소원이 청구되어 현재 심리 중에 있다.

외국 사례를 통해 본 선거제도

미국의 강한 의회

미국은 대한민국과 비슷한 정치 환경을 가지고 있다. 대통령중심제에 양당제가 고착화된 모습이다. 민주당과 공화당이 번갈아가며 집권하고, 대통령선거가 전 국민으로부터 뜨거운 관심을 받는다. 프랭클린 루즈벨트 집권 이후에는 강력한 대통령을 경계하는 '제왕적 대통령제imperial presidency'라는 표현이 생겨나기도 했다.

그러나 미국은 의회의 힘이 강하다. 집권여당이라 하더라도 자신들이 배출한 대통령을 견제하는 것을 책무로 여긴다. 상식과 헌법을 중요하게 생각하기 때문이다. 이는 미국 대통령이 제왕적이라는 비판을 받으면서도 박정희나 전두환 정권처럼 독재를 하지 않았다는 데에서 단적으로 드러난다.

미국 의회의 힘은 권한과 책임 그리고 전문성에서 나온다. 객관

적이면서도 심도 있는 분석으로 유명한 〈CRS보고서〉를 생산해내는 미국 의회조사국은 연방 하원, 상원 의원들의 입법활동을 돕기 위해 의회가 설립한 초당적 정책 연구기관이다. 입법, 사법, 행정부가 엄격하게 분리된 미국에서 입법부인 의회는 자신들만의 단독 입법보조기관(의회조사국, 의회예산처, 회계감사원, 기술평가원)을 두고 있다.

한국도 국회입법조사처를 설치해 입법과 관련한 의정활동을 지원하고 있지만, 그 규모와 전문성에서 차이가 날뿐더러 미국과 달리 예산을 다루고 지원하는 기구가 아예 없는 실정이다.

영국의 런던광역의회

2000년까지 영국에서 지방의회는 곧 지방정부를 의미했다. 입법부와 행정부가 통합된 지방정부 형태가 일반적이었던 것이다. 그러나 1999년 광역런던법이 제정되어 시장과 의회를 따로 선출하는 지방정부가 런던에서 최초로 탄생했다.

2000년에는 지방정부법 제정으로 런던 이외의 지역에서도 매우 다양한 형태의 지방정부가 들어설 수 있게 되었다. 지방정부의 형태에 대한 선택권은 지역 주민에게 있으며, 주민들은 새로운 지방의회제도의 선택을 위한 주민투표를 요구할 수 있다. 지방정부의 형태를 법으로 일괄 규율하는 한국과 다른 점이다.

광역런던법으로 탄생한 런던광역시의회는 지역구 14석에 비례대표 11석을 더해 총 25석으로 구성된다. 그리고 연동형 비례대표제로 이 의석을 배분한다.

2016년 런던광역시의회에서 영국노동당은 40.3퍼센트의 정당 득표율로 12석을 배분받았다. 지역구에서 9명의 당선자가 나와 나머지 3명을 비례대표로 보충한 것이다. 영국독립당과 녹색당은 8퍼센트를 얻어 2석을 배분받았다. 지역구 당선자가 없어서 2명 모두 비례대표로 채워졌다. 지역구 선거를 존중하면서도 비례성을 살리는 선거제도를 운영 중인 것이다.

독일의 유권자단체

독일의 선거제도를 살필 때 독일식 연동형 비례대표제만큼이나 주목해야 할 것이 바로 '유권자단체Waehlergemeinschaft'다. 독일은 지역 정당에 해당하는 유권자단체를 설립해 지방선거에 후보를 낼 수 있도록 하고 있다. 이를 결성하는 데 특별히 규정된 법적 요건은 없다. 해당 지역 유권자에게 일정 수 이상의 지지 서명만 받으면 된다.

실제로 독일의 지방선거에는 여러 유권자단체들이 참여하면서 실질적인 영향력을 행사한다. 2014년 3월 독일 바이에른 주에서 유권자단체들은 16.9퍼센트를 득표해 937명의 지방의원을 배출했다. 세계적으로 유명한 생태도시 프라이부르크에서는 '살기 좋은 프라이부르크' '청년 프라이부르크' '녹색대안 프라이부르크'와 같은 유권자단체가 시의원을 배출했고, 시의회 안에 진출한 전국 정당과 유권자단체의 개수만 총 14개에 달한다. 지역의 고유성과 내부의 다양성을 함께 담아내는 선거제도인 것이다.

뉴질랜드의 새로운 실험

1992년, 뉴질랜드에서 국민투표가 진행되었다. 대상은 선거제도 였는데 법적 구속력은 없었다. 압도적 다수의 국민이 1명만 선출하는 소선거구 다수대표제를 거부한다는 사실이 드러났다.

1993년, 마침내 법적 구속력을 가진 국민투표가 실시되었다. 절반 이상의 국민이 연동형 비례대표제를 선택했다. 그 결과 3년 뒤 뉴질랜드에서는 연동형 비례대표제를 도입한 최초의 선거가 치러졌다.

영국 주간지 〈이코노미스트〉 산하의 연구기관 '이코노미스트 인텔리전스 유닛Economist Intelligence Unit, EIU'은 매년 세계 167개국의 민주주의 지수를 발표한다. 결과를 살펴보면 2015년에는 상위 6개 국가들이, 2016년에는 상위 5개 국가들이 모두 다당제와 연동형 비례대표제를 채택하고 있었다.

뉴질랜드는 EIU 민주주의 지수에서 2년 연속 4위를 기록했다.

세계적인 기준에서도 민주주의가 잘 유지되는 나라의 반열에 올랐다는 뜻이다. 이는 국민적 합의를 통해 연동형 비례대표제를 도입함으로써 다당제 정치시스템으로 이행한 결과다. 뉴질랜드 사례는 한국이 더 좋은 민주주의를 실현하기 위해 어떤 노력을 기울여야 하는지 잘 보여준다.

좋은 정치란 무엇일까: 선거제도 개혁의 진의

뉴질랜드는 한국과 마찬가지로 두 거대 정당이 번갈아가며 정권을 차지했던 전형적인 양당제 국가였다. 그런데 1980년대 신자유주의 정책이 강하게 몰아치자 국민들은 정치제도 개혁을 요구했다. 대체 신자유주의 정책에 대한 반대가 어떻게 정치제도 개혁에 대한 요구로 이어졌던 걸까?

다수대표제와 양당제는 근본적으로 사회·경제적 약자들을 대표하기 힘든 제도이자 정치시스템이다. 다수대표제는 거대 정당이 적은 득표를 가지고도 그보다 많은 의석을 차지하게 만든다. 따라서 다수당의 출현을 쉽게 만든다. 상대 정당만 이기면 과반 정당이 되어 의사결정을 좌지우지할 수 있기 때문에 굳이 소수자를 배려할 이유가 없다. 정책 경쟁을 할 필요도, 정치세력 간 합의나 조율을 위해 노력할 필요도 없다.

1980~1990년대에 신자유주의 정책을 적극 수용한 국가들은 모두 다수대표제 선거제도와 양당제 정치시스템을 가지고 있었다. 미국, 영국, 뉴질랜드, 캐나다가 대표적이다. 그중 뉴질랜드는 과감하게 선거제도를 바꾸었고, 자연스럽게 다당제 국가로 변모했다. 그러자 변화가 일어났다. 연립정부가 구성되어 국가정책의 방향이 바뀐 것이다. 최저임금이 인상되었고, 고소득층에 대한 증세가 이뤄졌다. 민영화되었던 산재보험이 국영화되었고, 고용안정성도 증대되었다. 인구의 다수를 차지하는 노동자와 사회적 약자, 소수자를 위한 정책들이 속속 채택되었다. 선거제도와 국민의 삶이 긴밀하게 연결되어 있다는 것을 뉴질랜드 국민들은 분명히 이해하고 있었다.

우리 삶을 바꾸기 위해서는 이 사회를 디자인하는 국회를 바꿔야 한다. 단순히 일을 잘하지 못하는 의원을 퇴출하고 국세를 아끼자는 게 아니다. 유능하고 강한, 그래서 국민의 뜻을 제대로 대변하는 국회를 만들어야 한다는 뜻이다. 국민을 닮은 국회를 구성하려면 좋은 선거제도가 뒷받침되어야 한다. 선거제도 개혁 없는 권력구조 개혁 또한 그 의미가 반감될 수밖에 없다. 권력구조 개혁의 핵심은 대통령과 의회 사이 견제와 균형의 원리를 실현하는 것이다. 좋은 국회를 구성하지 못한다면 의회에 권력을 나누는 일 자체가 무의미할뿐더러, 의회에 권력을 나누려는 모든 시도가 좌초될 것이다.

신의 옷자락이 우리 옆에 휘날리고 있다. 그것을 움켜쥐는 것은 바로 우리 몫이다. 선거제도 개혁이라는 신의 옷자락을, 있는 힘껏 움켜잡자. 뉴질랜드 국민들이 그랬듯 말이다.

1부 개헌에 관한 모든 것

논문 및 단행본

강원택, 〈87년 헌법의 개헌 과정과 시대적 함의〉, 역사비평, 2017.

김기승, 〈조소앙과 대한민국 정부수립〉, 한국동양정치사상사연구 8(1), 2009.

김민정, 〈여성의 시각으로 본 한국 헌법〉, 법률행정논집(서울시립대학교) 제13권, 2006.

김배원, 〈한국헌법사와 현행헌법 기본권장의 개정 방향〉, 공법학연구 10(3), 2009.

김백유, 〈제5공화국 헌법의 성립 및 헌법발전〉, 일감법학 제34호, 2016.

김용철 〈개헌논의 체제의 민주화〉, 정치정보연구 10(2), 2007.

박상철, 〈권력구조의 개헌쟁점과 민주주의 논쟁〉, 정치정보연구 11(1), 2008.

박홍순, 《헌법의 발견》, 비아북, 2015.

서현진, 〈민주화 이후 헌법 개정 논의와 기본권 개정 이슈〉, 현대정치연구 3(1), 2010.

서희경, 〈한국 헌정사와 개헌〉, 한국정치외교사논총 35(2), 2014.

신우철, 〈건국강령(1941. 10. 28) 연구〉, 중앙법학 10(1), 2008.

신우철, 〈우리 헌법사에서 '기본권'의 의미〉, 역사비평, 2011.

심용환, 《헌법의 상상력》, 사계절, 2017.

윤정란, 〈해방 후 국가건설과정에서 우익 진영 여성들의 의회진출운동〉, 역사문화연구 제24집, 2006.

이기우, 《모든 권력은 국민에게 속한다 이제는 직접민주주의다》, 미래를소유한사람들, 2016.

이명현·정종섭·최장집, 〈정치개혁과 헌법개정〉, 철학과 현실, 2012.

이창수·예승우, 〈예산법률주의 쟁점과 과제〉, 예산현안분석 제42호, 2012.

이한태, 〈개헌의 필요성과 바람직한 정부형태〉, 법학연구 21(2), 2010.

장훈, 〈개헌 정치의 정치학〉, 21세기정치학회보 21(3), 2011.

정만희, 〈이원정부제 정부형태의 검토〉, 동아법학 (52), 2011.

정만희, 〈헌법개정 논의〉, 동아법학 (47), 2010.

정상우, 〈1987년 헌법개정안 형성과정 연구〉, 세계헌법연구 22(1), 2016.

차병직·윤재왕·윤지영, 《지금다시, 헌법》, 로고폴리스, 2016.

최우용, 〈지방분권형 헌법개정의 과제와 방향〉, 법제 12월호, 2017.

웹사이트

국민과 함께하는 개헌 www.n-opinion.kr

국민헌법 www.constitution.go.kr

2부 선거제도 개혁에 관한 모든 것

논문 및 단행본

서복경, 《한국 1세대 유권자의 형성》, 마인드탭, 2016.

서복경, 〈선거제도 개혁, 선거 연령 하향과 표현의 자유가 확대되는 방향이어야〉, '몰랐어? 진짜 문제는 선거제도야' 토론회, 2017.

서복경, 〈한국 선거제도의 특성과 변천과정〉, 입법정보 제100호, 2003.

신광호, 〈정치관계법 개정의견〉, '몰랐어? 진짜 문제는 선거제도야' 토론회, 2017.

안철현, 〈한국 선거제도 변천과정 연구: 국회의원 선거를 중심으로〉, 경성대학교, 2000.

윤병국, 《지방자치 새로고침》, 한티재, 2017.

이대근, 〈왜 개헌이 아닌 선거제도 개혁인가〉, '몰랐어? 진짜 문제는 선거제도야' 토론회, 2017.

이부하,《민주적 선거를 위한 선거제도 개편》, 피앤씨미디어, 2015.

좌세준, 〈국회의원 선거제도 개혁과 관련한 주요 쟁점〉, 역사비평사, 2015.

좌세준, 〈선거제도 개혁을 위한 개헌 및 공직선거법 개정 방향〉, 역사비평사, 2017.

참여연대의정감시센터, 〈20대 총선, 유권자 지지와 국회 의석 배분 현황 보고서〉,
    참여연대, 2016.

최태욱, 〈선거제도 개혁 방향: 합의제 민주주의를 향하여〉, '선거제도 개혁 및 정당
    민주화' 세미나, 2017.

하승수,《삶을 위한 정치혁명》, 한티재, 2006.

하승수, 〈선거제도 개혁과 개헌, 어떻게 볼 것인가〉, '몰랐어? 진짜 문제는 선거제도
    야' 토론회, 2017.

기사

"'여성할당제' 도입, 그 효과와 저항들", 오마이뉴스, 2007. 9. 19.

"〈이제는 갑시다〉③ '종이호랑이' 지방의회 키우자", 연합뉴스, 2010. 6. 6.

"2000년 이후 역대 국회의원 재보궐선거 투표율", 오마이뉴스, 2015. 4. 29.

"궁정동의 은밀한 '사업'과 박정희, 그 특별한 관계", 프레시안, 2015. 9. 13.

"근데, 소선거구 단순다수대표제가 뭔 소리지?", 미디어스, 2014. 11. 3.

"기초공천제 폐지가 뭔데 시끌시끌한 거죠?", 한겨레, 2014. 4. 4.

"대통령 결선투표제 찬성 48.9%〉반대 39.3%", 한겨레, 2017. 1. 2.

"[대한민국 정당 70년 당명 변경의 역사]총선 다가오네 '간판' 또 한번 바꿔봐?",
    경향신문, 2015. 10. 9.

"미국 대통령제와 한국 대통령제의 차이는? '의회'", 프레시안, 2009. 7. 16.

"위인설당(爲人設黨)…한국 정당 수명은 2.5년", 한국경제, 2017. 1. 13.

"이 선거제도에선 '제2의 홍준표 도지사' 나온다", 한겨레21, 2017. 10. 16.

"[정치사전] 선거공영제", 한겨레, 2016. 6. 16.

"지방의원 유급제는 자치제의 '필요조건'", 한겨레, 2006. 3. 2.

"지지율 10% 미만 후보는 선거비용 못 돌려받는다?", 시사인, 2017. 4. 11.

"청소년 정당가입 길 터야 '한국의 마크롱' 나온다", 한겨레, 2018. 1. 3.

웹사이트

인권재단사람 www.hrcenter.or.kr

비례대표제포럼 www.prforum.kr/resources/10237

개헌과 선거제도 개혁에 관한 모든 것

1판 1쇄 찍음 2018년 4월 15일
1판 1쇄 펴냄 2018년 4월 25일

지은이 백상진·김예찬
펴낸이 천경호
종이 월드페이퍼
제작 (주)아트인
펴낸곳 루아크
출판등록 2015년 11월 10일 제409-2015-000020호
주소 10083 경기도 김포시 김포한강2로 208, 410-1301
전화 031.998.6872
팩스 031.5171.3557
이메일 ckh1196@hanmail.net

ISBN 979-11-88296-12-5 03300